Anton Grabner-Haider (Hrsg.)

Lebensweisheit aus der Bibel

Anton Grabner-Haider (Hrsg.)

Lebensweisheit aus der Bibel

DIEDERICHS

:STYRIA

Die Deutsche Bibliothek - CIP-Einheitsaufnahme

Lebensweisheit aus der Bibel / Anton Grabner-Haider (Hrsg.). -
Graz ; Wien ; Köln : Verl. Styria ; München : Diederichs, 1999
(Lebensweisheit der Kulturen)
ISBN 3-222-12634-8 (Verlag Styria)
ISBN 3-424-01486-9 (Diederichs)

Umschlaggestaltung: Zembsch'Werkstatt, München
Druck und Bindung: Ebner Ulm
ISBN 3-222-12634-8 (Styria)
ISBN 3-424-01486-9 (Diederichs)

INHALTSVERZEICHNIS

EINLEITUNG

Viele Zeitgenossen begeben sich heute auf die Suche nach einer tragfähigen Lebensorientierung. Denn herkömmliche Ausrichtungen sind ihnen wie Sand zwischen den Fingern zerflossen. Dabei stoßen sie auf die Lebensweisheit alter Kulturen, die uns heute verstärkt zugänglich wird. Da legen viele ihre angelernten Überheblichkeiten ab und beginnen sehr ehrlich und in existentieller Betroffenheit zu fragen.

Denn der „Druck des Daseins“ (S. Freud) hat in einer hochtechnisierten Zivilisation zugenommen. Wir müssen Probleme lösen, auf die wir gar nicht vorbereitet waren. So erscheint es nur sinnvoll, danach zu fragen, wie die Menschen früher Kulturen ihre Lebenswelt geordnet haben, welche Lebensziele sie verfolgt haben, wie sie miteinander umgegangen sind.

Wir vermuten nämlich, daß in den alten Kulturen auch solche Lebenserfahrungen und Weisheiten gespeichert sein könnten, die wir verloren haben und die uns sehr hilfreich sein könnten. Denn in einer Zeit der schnellen Wertveränderung und der neuen „Unübersichtlichkeit“ werden uns feste Orientierungen wichtig. Wir erkennen, daß wir mit vermehrtem Wissen und mit verbesserter Technologie allein nicht besser leben können.

Nicht wenige haben eine postmoderne „Beliebigkeit“ in der Lebensgestaltung als großen Fortschritt angesehen. Aber sie haben nicht die Folgen bedacht. Und diese heißen weithin Langeweile und Sinnverlust, Banalität und Verweigerung. Mit beliebigen ethischen Werten und Daseinsdeutungen können wir nicht sinnvoll miteinander leben. Uns ist die Ehrfurcht vor den alten Traditionen und vor den Erfahrungen unserer Vorfahren weithin abhanden gekommen.

Doch heute erkennen viele diesen Mangel. Und sie machen sich daher erneut auf die Suche nach Überzeugungen und Orientierungen, die sich in heutigen Lebenssituationen bewähren. Unser Blick weitet sich auch nach fremden Kulturen, nach alten Weisheiten und Erfahrungen. So entdecken wir die jüdische und die jüdisch-christliche Bibel als Speicherung alter Lebensweisheit, die vielen Generationen als eine Richtschnur des Handelns gedient hat und weiterhin dient. Freilich müssen wir uns mühsam zu ihren Texten und Aussagen durcharbeiten.

Wir können auch die Bibel aus ihrem kulturgeschichtlichen Hintergrund heraus lesen. Dann werden wir genau erkennen, was zeitbedingte Problemlösungen sind und wo beinahe zeitlose Einsichten und Weisungen gespeichert sind. Wir sind in der Lage, daß wir auswählen können, was uns von alten Kulturen hilfreich und angemessen erscheint. Nur wenn wir selektiv mit diesen Texten umgehen, können wir in einen Lernprozeß eintreten, der uns zu einem persönlichen Gewinn werden kann.

Nun ist die jüdische und die jüdisch-christliche Bibel (das sog. „Alte Testament“ bzw. das „*Erste Testament*“) weitgehend in hebräischer Sprache verfaßt, eine Sammlung von Lebenserfahrung einer sehr alten Kultur des Orients. Und die allein christliche Bibel (das sog. „Neue Testament“ bzw. das „*Zweite Testament*“) ist eine Sammlung von Glaubensschriften aus der Zeit nach Jesus von Nazareth.

In diesem Buch wird der Lebensweisheit der Bibel nachgespürt. In ihr sind die Erfahrungen von Hirtennomaden und von frühen Ackerbauern festgehalten, wie sie ihr Zusammenleben geordnet haben. Und es sind später die Erfahrungen von Dorf- und Stadtbewohnern im hellenistischen Reich, die ihrem Leben einen Sinn geben mußten. Auf diesen Erfahrungen und Deutungen baut sich zu einem guten Teil unsere europäische Kultur auf.

Die einzelnen Schriften der Bibel haben eine lange Entstehungszeit von ungefähr 800 Jahren. Dabei ist die Zeit der mündlichen Tradierung dieser Texte noch viel länger. Wir finden darin alle großen Problemfelder des menschlichen Lebens ausgesprochen und dargelegt: Es sind die Erfahrungen der Lebensfreude und der Dankbarkeit für das kleine Glück; das Staunen über die Größe und Schönheit der Welt. Und es ist die Lust am Leben und die Freude der Geschlechter aneinander.

Doch wir finden in diesen Schriften auch die negativen und belastenden Erfahrungen des Daseins ausgedrückt: das Erleben des bedrückenden Leidens, dem man einen Sinn geben möchte. Es ist die latente Angst vor der Krankheit und dem frühen Tod. Und es ist die vielfältige Erfahrung der Trauer, der Enttäuschung und der Bedrückung. Wir finden in diesen Texten die ganze Dynamik des menschlichen Daseins vor Gott und den Mitmenschen ausgebreitet.

Und wir sehen die intensiven Sehnsüchte und Bedürftigkeiten der Menschen dargestellt: das Sehnen nach gerechter Verteilung der Güter; das Ringen um die Versöhnung der Feinde und um den Erhalt des Friedens; die Suche nach Wahrhaftigkeit und das Bedürfnis nach Geborgenheit; die Erfahrung von Schuld und die Bereitschaft zur Umkehr; die Sehnsucht nach Geliebtwerden und nach Liebenkönnen.

Angestrebt wird der Verzicht auf Betrug und Täuschung, die Überwindung von Rache, das Erlernen von Barmherzigkeit

und Mitgefühl mit den Leidenden, der rechte Umgang mit Besitz und Reichtum.
Viele dieser existentiellen Nöte und Bedürftigkeiten sind auch heute aktuell geblieben. Und sie werden immer ihre Dringlichkeit haben, solange Menschen leben. Es mögen sich Technologien und Kommunikationsmethoden verändern, es mag unser Wissen zunehmen und unser Wohlstand sich mehren – die Grundprobleme des Menschseins verändern sich nicht; auch nicht über lange Zeiträume hinweg.
Dies ist der Grund, warum wir von fremden Kulturen lernen können, warum uns Texte aus der Bibel eine Bereicherung für die Lebensgestaltung werden. Wir treten in einen Lernprozeß ein und beginnen, diese Texte anders zu lesen. Wir bringen unsere Bedürfnisse und Befindlichkeiten mit ein in diesen Verstehensprozeß. Denn auch wir streben danach, unserem Leben einen festen Sinn zu geben und darin mehr an Geborgenheit zu erleben.

In diesem Buch werden für jede Woche des Jahres vier Bibeltexte ausgewählt und einem Thema zugeordnet. Zumeist sind es drei Texte aus dem Alten bzw. Ersten Testament und ein Text aus dem Neuen bzw. Zweiten Testament.
An jeden dieser Texte sind einige *Impulse* angefügt, die heutige Lebenssituationen mitbedenken. Es werden Gedanken vorgelegt und Fragen formuliert, die zu einer schöpferischen Auseinandersetzung anregen sollen.
Die *Übersetzung* orientiert sich an der „Jerusalemer Bibel". Doch sie weicht in einigen Teilen von ihr ab, um den Text deutlicher in die heutige Lebenswelt zu übertragen. Die Worte „Gott" und „Herr" werden fast immer mit „Schöpfer"

übersetzt. Der Name „Christus“ wird zumeist mit „Gesalbter“ wiedergegeben. Damit soll auch für Menschen der Zugang zu den Texten erleichtert werden, denen die religiösen Begriffe nicht mehr vertraut und geläufig sind oder denen sie leer geworden sind. Einige Grundgedanken werden frei zusammengefaßt.
Die *Anrede* an Männer wird zumeist auch auf die Frauen ausgedehnt. Damit soll die androzentrische und patriarchale Lebenswelt etwas relativiert werden. Es soll den Anliegen einer feministischen Theologie Rechnung getragen werden. Beide Geschlechter sollen sich völlig gleichwertig von diesen Texten angesprochen fühlen können.
Dieses *Lese-Buch* möchte wenig bekannte Texte aus der Bibel wieder in Erinnerung rufen. Es sollen erneut Zugänge zu fast vergessenen Lebensweisheiten eröffnet werden. So mögen viele einen persönlichen Gewinn aus diesem Buch haben, die nach einem Sinn des Lebens, nach Orientierung für ihr Dasein, nach einer letzten Geborgenheit suchen. Im Grund geht es darum, daß wir unsere Beziehungen zu Mitmenschen und zum göttlichen Schöpfer vertiefen. Dann wird unser Leben gelingen, wie schwierig es auch sein mag.

Weisheit des Daseins

Der Sand des Meeres, die Tropfen des Regens,
die Tage der Vorzeit, wer hat sie gezählt?
Die Höhe der Berge, die Breite der Erde,
die Tiefen des Meeres, wer hat sie gemessen?
Früher als sie alle wurde die Weisheit erschaffen,
von Ewigkeit her ist die verständige Einsicht.
Die Quelle der Weisheit, wem wurde sie gezeigt?
Wer hat ihre Pläne geschaut?
Den Menschen wurde sie unterschiedlich zugeteilt.

Aus: Sirach 1,2-6.10

Impulse

Vieles können wir heute zählen und messen. Doch bei weitem nicht alles ist uns verfügbar, es bleiben uns unüberwindliche Grenzen der Erkenntnis.

Hinter allem Geschehen des Kosmos können wir eine deutliche Gesetzmäßigkeit erkennen. Ist es eine Weltvernunft? Oder ist es die planende Weisheit eines göttlichen Schöpfers?

Wir alle haben teil an dieser Weisheit, jeder Mensch auf einmalige Weise. Jedes Menschenleben ist ein „Kunstwerk" des göttlichen Schöpfers. Dafür sollten wir dankbar sein. Dies gibt unserem Leben einen letzten Wert.

Ein Menschengeschlecht geht und
ein anderes kommt.
Doch die Erde hat festen Bestand.
Alles ist Windhauch.
Welchen Nutzen hat der Mensch von seinem Besitz?
Alle Dinge sind rastlos tätig,
kein Mensch kann alles erfassen.
Nie wird ein Auge satt vom Sehen,
nie ein Ohr voll vom Hören.
Was geschehen ist, wird wieder geschehen;
das Getane kehrt wieder.
Es gibt nichts wirklich Neues unter der Sonne.

Aus: Kohelet 1,2–4.8–9

Impulse

Unser Leben vergeht, ein Geschlecht folgt dem anderen. Ist alles wirklich nur ein Windhauch? Was hat Bestand im Leben? Was in der Welt, was im Kosmos? Wir Menschen forschen rastlos nach Neuem. Und doch werden unsere Augen und Ohren nie satt.

Gibt es überhaupt wirklich Neues? Oder kehrt alles in stetiger Regelmäßigkeit wieder? Für uns als lernende Wesen ist zunächst alles neu, was wir entdecken.

Doch im Kosmos und in der Welt des göttlichen Schöpfers gibt es Beständigkeit und Dauer. Das vermag uns Trost zu geben, aber auch eine gewisse Sicherheit und Geborgenheit. Es ist schön, in dieser Schöpfung zu leben.

Sammelt euch nicht Schätze hier auf der Erde,
wo Motten und Würmer sie zerstören,
wo Diebe einbrechen und sie stehlen können.
Sammelt euch Schätze im Himmel,
wo Motten und Würmer nicht hinkommen,
wo Diebe nicht einbrechen und stehlen.
Denn wo euer Schatz ist, dort wird auch
euer Herz sein.

Aus: Matthäus 6,19–21

☧

Impulse

Unsere Besitzstände hier auf Erden sind vergänglich, irgendwann werden wir sie loslassen müssen. Was bleibt uns dann? Wo sind unsere „Schätze im Himmel"?

Das können Beziehungen zu Mitmenschen sein; Freundschaft, Nächstenliebe, Barmherzigkeit, emotionale Liebe. Vor allem sind es Ehrfurcht und Liebe zum göttlichen Schöpfer.

Wir sind fähig, moralische Werte aufzubauen, uns an geistigen Schätzen zu orientieren. Die Anhäufung von Geld und Reichtum allein genügt uns nicht. Auch die Schätze des Geistes und der Seele wollen entfaltet sein. Unser innerstes Wesen hat Hunger nach Bleibendem.

Bleibt niemandem etwas schuldig.
Allein die Liebe schuldet ihr einander immer.
Wer seinen nächsten Mitmenschen liebt,
hat das ganze Lebensgesetz erfüllt.
Denn die alten Gebote, die Ehe nicht zu brechen,
nicht zu töten, nicht zu stehlen,
nicht fremdes Gut zu begehren
und alle anderen Gebote
sind in der Forderung zusammengefaßt:
Deinen nächsten Mitmenschen sollst du so lieben,
wie du dich selbst lieben sollst.

Römerbrief 13,8–9

Impulse

Das Zielgebot unseres Lebens heißt „Liebe". Denn sie ist das Grundbedürfnis unseres Daseins. Sie faßt alle anderen Gebote und Gesetze zusammen. Doch das Wort ist leicht gesagt, aber schwer getan. Was ist damit gemeint?

Intuitiv spüren wir, was Liebe sein könnte und was sie nicht ist. Wir erleben sie in Spuren, als Befriedigung unserer Grundbedürfnisse. Wir können diese Bedürfnisse nach Geborgensein einander befriedigen. Aber immer nur stückweise und in Teilen, niemals ganz.

Wir können Liebe lernen und einüben, ein Leben lang. Zuerst aber müssen wir lernen, uns selbst anzunehmen, uns selbst zu lieben. Erst dann können wir anderen Geborgenheit schenken.

Gesundheit des Körpers

Besser ist es, arm zu sein, aber gesunde
Glieder zu haben,
als viel zu besitzen und mit Krankheit
geschlagen zu sein.
Ein Leben in Gesundheit ist mir lieber als viel Geld,
ein frohes Herz ist mir wichtiger als viele Perlen.
Kein Reichtum geht über die Gesundheit,
und kein Besitz steht über der Lebensfreude.

Aus: Sirach 30,14–16

Impulse

Gesundheit des Körpers und der Seele ist für uns ein wichtiges Gut geworden. Wir tun heute viel, um uns unsere Gesundheit zu bewahren. Und wir vertrauen dabei auf Schul- und Alternativmedizin, um sie wieder zu gewinnen, wenn wir krank sind.

Gewiß ist unsere Gesundheit wichtiger als Reichtum. Aber der Reiche hat mehr Möglichkeiten, sich die Gesundheit zu bewahren oder gesund zu werden, als der Arme. Allerdings leben viele Reiche exzessiv im Genuß und gefährden so ihre Gesundheit.

Doch Lebensfreude gewinnen wir auch ohne Reichtum, wir können auch mit wenigem sehr glücklich sein. Und der besitzgierige Raffer erlebt nicht mehr Lebensfreude als der bescheiden Lebende. Es geht für alle um eine positive Lebenseinstellung, um das innere Gleichgewicht, um das „kleine Glück" des Daseins.

Beim Wein spiele nicht den starken Mann,
schon viele hat der Saft der Reben zu Fall gebracht.
Der Wein ist wie ein Lebenswasser für uns Menschen,
wenn wir ihn mit Maß trinken.
Er bringt uns Frohsinn, Wonne und Lust,
wenn wir ihn mit Maß zur rechten Zeit genießen.

Aus: Sirach 31,25–28

Impulse

Was hier über den Wein gesagt ist, gilt allgemein für die Kunst des richtigen Genießens. Viele Mittel zum Leben sind uns geschenkt, die wir maßvoll zu uns nehmen sollten. Dann beflügeln sie unser Gefühl und schenken uns Freude und Wonne.

Im Übermaß können uns alle Genußmittel süchtig machen. Wir wissen heute um die chemischen Prozesse, die im Gehirn stattfinden. Daher ist die Suche nach dem rechten Maß wichtig, in ihr drückt sich Charakterstärke aus.

Sich nicht verführen lassen zu einem exzessiven Lebensstil. Der lautstarken Werbung zu immer mehr Konsum Widerstand leisten. Lernen, sich der kleinen Dinge und Mengen zu freuen und aus wenigem viel zu machen. Die Freuden des Lebens mit anderen teilen.

Giere nicht nach jedem Genuß,
stürze dich nicht auf alle Leckerbissen.
Denn im Übermaß des Essens steckt die Krankheit,
der Unmäßige verfällt heftigem Erbrechen.
Schon viele sind durch Übermaß verstorben,
nur wer sich beherrschen kann,
verlängert sein Leben.

Aus: Sirach 37,29-31

Impulse
Wir leben in einer hedonistischen Zeit, viele wollen immer mehr an Lust erleben. Die Werbung suggeriert uns, daß wir zu neuen Mitteln des Genusses greifen sollten. Denn wir sollten das Leben schneller und intensiver genießen.
Viele preisen die „Erlebnisgesellschaft". In ihr geht es um intensive Erlebnisse, um Lizitation der Gefühle, um hektische Ekstase. Doch allzu viele nehmen Drogen, um die leidvollen Seiten ihres Lebens zudecken zu können.
Nicht wenige verlieren in dieser hektischen Lust den Lebenssinn, die Orientierung. Sie fragen sich, wozu sie überhaupt leben. Dasein, nur um egozentrisch zu genießen? Das ist zu wenig. Häufig folgt die große Depression, die große Bedrükkung, der Weg in die Sinnleere. Finden wir noch den Weg zurück zu maßvollem Genießen mit anderen?

Wißt ihr nicht, daß ihr ein Tempel
des göttlichen Schöpfers seid?
Und daß sein Schöpfergeist in euch wohnt?
Wer diesen Tempel zerstört,
der wird vom Schöpfer zerstört.
Der Tempel ist heilig, und der seid ihr.

Aus: 1. Korintherbrief 3,16–17

☧

Impulse

Die frühen Christen wissen um die Gefahren des exzessiven Genießens. Daher suchen sie nach einem alternativen Lebensstil. Sie verweigern sich nicht den schönen Dingen des Lebens, aber sie wollen diese mit Augenmaß genießen. So sehen sie im menschlichen Leben einen heiligen Ort, erfüllt von der Lebenskraft des Schöpfers. Und diesen heiligen Ort sollte kein Mensch mutwillig zerstören. Sie ringen um Ehrfurcht vor dem Schöpfer und seinem wunderbaren Werk. Wer staunen kann über die Größe des Lebens, über die Schönheit des menschlichen Körpers, wird diese Schönheit nicht mutwillig zerstören. Das Genießen muß immer mit Nächstenliebe verbunden werden, denn von Lust allein kann niemand leben. Dies sollten wir heute in kleinen Schritten neu lernen.

Aufrecht durchs Leben gehen

Mein Sohn, meine Tochter,
achte auf die rechte Zeit und scheue das Unrecht.
Halte zur rechten Zeit dein Wort nicht zurück
und verbirg nicht deine Weisheit.
Widersetze dich nicht der Wahrheit,
aber schäme dich der Torheit.
Kehre von Schuld um und verharre nicht im Trotz.
Unterwirf dich nicht den Toren,
kämpfe für das Recht.
Prahle nicht mit großen Worten,
sei groß im Tun.

Aus: Sirach 4,20.23-29

Impulse
Lebensweisheit aus einer alten Kultur bleibt bedeutsam für uns heute. Unsere elementaren Lebensbedingungen verändern sich kaum im Laufe der Zeiten. Wenn wir dies glauben sollten, täuschen wir uns.
Das gilt auch für uns: ein offenes und kritisches Wort riskieren, wenn es notwendig ist; das Unrecht meiden und in jeder Form bekämpfen. Um Wahrhaftigkeit und Gerechtigkeit ringen; in der Politik, in der Wirtschaft, in der Familie.
Den Starken Widerstand leisten, wenn sie Unrecht tun. Sich nicht auf schöne Worte verlassen, sondern konkrete Taten setzen. Sich nicht durch Täuschung und schöne Worte verführen lassen.

Höre, mein Sohn, auf die Mahnungen deines Vaters,
die Lehren deiner Mutter verwirf nicht.
Sie sind ein Kranz für dein Haupt,
eine Kette um deinen Hals.
Wenn böse Menschen dich verlocken,
folge ihnen nicht.
Nie sollen Treue und Liebe dich verlassen,
binde sie um deinen Hals,
schreibe sie auf die Tafel deines Herzens.
Dann erlangst du Wohlgefallen bei Gott
und den Menschen.

Aus: Sprüche 1,8–10; 3,3–4

Impulse

Wir alle werden durch unsere Eltern und frühen Bezugspersonen geprägt; in unseren Wertungen, unseren Einstellungen und Verhaltensweisen. Wir alle tragen bestimmte „Botschaften“ in uns, ein Leben lang.

Gewiß müssen wir später diese Botschaften, diese Gebote und Verbote, kritisch sichten. Es geht darum, ob wir gut und authentisch mit ihnen leben können.

Vor allem geht es um Liebe und Treue, um Zuwendung und Geborgenheit. Sich diese Werte in das Herz schreiben, ein Leben lang um sie ringen. Aufrecht durchs Leben gehen, auch heute in unserer „postmodernen Zeit“ der Unübersichtlichkeit und der vermeintlichen Beliebigkeit.

Halte dein Wort nicht zurück zur rechten Zeit,
verbirg deine Weisheit nicht in Rede und Antwort.
Und worfle nicht bei jedem Wind,
geh nicht auf jedem Pfad.
Bleib fest in deiner Überzeugung,
sei eindeutig in deiner Rede.
Zum Hören sei bereit und abwartend
bei der Antwort.
Wenn du keine Antwort hast,
dann lege deine Hand auf den Mund.

Aus: Sirach 4,23; 5,9–12

Impulse
Kulturformen und Techniken ändern sich, doch die Grundprobleme des Lebens bleiben dieselben. Wir können von der Weisheit der Alten vor allem lernen, besser miteinander umzugehen.
Auch für uns gilt: Das aufrechte Wort in der Politik, Klugheit und Besonnenheit im öffentlichen Diskurs. Sich einmischen in die öffentlichen Entscheidungen. Den Gewalttätern Widerstand leisten.
Lernfähig bleiben, aber zu seiner Überzeugung stehen. Sein Leben nicht nach dem Wind ausrichten. Den verantwortlichen Umgang mit der Sprache lernen. Die Kunst der maßvollen Rede üben.

Ich sage euch: Ihr sollt überhaupt nicht schwören,
weder beim Himmel, noch bei der Erde,
noch bei eurem Haupt.
Eure Rede sei vielmehr ein Ja und ein Nein.
Was darüber hinaus geht, ist vom Bösen.

Aus: Matthäus 5,34–37

☧

Impulse

Wir können einander täuschen, mit Worten und mit Taten. Und wir tun es oft. Daher riefen die Alten ihre Schutzgötter zu Zeugen ihrer Rede an. Durch Eide und Schwüre rangen sie um Wahrheit.

Auch unter uns gibt es Eide und Schwüre, etwa bei Gericht. Als verstärkte Garantie der Wahrhaftigkeit. Auch wenn viele nicht mehr an Gott glauben.

Das Programm Jesu lautet: unbedingte Ehrlichkeit, um auf Eide ganz verzichten zu können. Wir sind fähig zur Wahrhaftigkeit. Unser Leben wird reicher, wenn wir einander nicht täuschen. Unsere Beziehungen werden uns nur dann befriedigen, wenn wir ehrlich zueinander sind.

Mit Freunden umgehen

Durch sanfte Rede und freundliche Worte
kannst du viele Freunde gewinnen.
Willst du aber einen echten Freund,
dann schenk ihm nicht vorschnell dein Vertrauen.
Denn mancher ist dein Gast bei Tisch,
aber im Unglück kennt er dich nicht.
Im Glück ist er bei dir,
doch in der Not meidet er dich.
Gar mancher Freund wird dann dein Gegner.

Aus: Sirach 6,5–12

Impulse

Wir wünschen uns alle gute Freunde, die unser Leben mittragen. Nicht immer finden wir sie. Sind wir anderen Menschen gute Freunde? Sind wir bereit, andere Menschen mitzutragen?

Wir können einander auch nur zum Schein Freunde sein, um praktische Vorteile zu haben. Dann wird die Beziehung eine oberflächliche sein und uns wenig personalen Gewinn bringen.

Wir können einander benutzen und mißbrauchen. Im Grund ist Freundschaft ein wechselseitiger Lernvorgang, ein Geben und ein Nehmen. Zwei Menschen begleiten sich durchs Leben und geben einander Stütze und Geborgenheit. Sie fühlen sich füreinander verantwortlich.

Ein treuer Freund ist ein festes Zelt,
ein wertvoller Schatz.
Für ihn gibt es keinen Preis,
nichts wiegt seinen Wert auf.
Bei ihm ist dein Leben gut aufgehoben.
Wer den Schöpfer fürchtet,
hält gute Freundschaft.
Wie ein Mensch ist, so ist auch sein Freund.
Tausche keinen Freund gegen Geld
oder Gold aus fernen Ländern.

Aus: Sirach 6,14–17

Impulse

Bei einem guten Menschen Geborgenheit finden; ihm Geborgenheit schenken. Sein Leben begleiten, als Frau und als Mann; einander Stütze sein. Das wollen die meisten von uns.

Sich gegenseitig Halt geben, einander Fehler korrigieren; miteinander wachsen und reifen. Gemeinsam Lebensprobleme lösen, in der Liebe reifen; einander authentische Bedürfnisse erfüllen.

Beziehungen sind dynamische Prozesse, sind Austausch der Gefühle und der Gedanken. Wir können Mitgefühl einüben und ein Stück des Lebensweges gemeinsam gehen. Lebensbegleitung in jeder Altersphase, das ist uns wirklich möglich, wenn wir darum ringen.

Bringe nicht jeden Menschen in dein Haus,
denn ein Verleumder schlägt viele Wunden.
Er verkehrt Gutes in Böses und bringt die besten Absichten in Verdacht.
Einen Funken entfacht er zum Brand,
ein böser Mensch lauert auf Rache.

Aus: Sirach 11,29–32

Impulse

Dies ist eine leidvolle Lebenserfahrung: Freunde können einander täuschen. Eine Zweckfreundschaft kann in Ablehnung und Haß umschlagen. Menschen können sich gegenseitig ausnutzen und zerstören.

Eine gewisse Vorsicht ist nötig als Selbstschutz. Die einen müssen sich mehr schützen, die anderen weniger. Nicht jeder kann schnell aus sich herausgehen, manche brauchen viel Zeit.

Wer vorschnell und leichtgläubig auf andere zugeht, kann sich viele Verletzungen zuziehen. Sich nicht ausnützen lassen und so den anderen zum sozialen Lernen zwingen. Auch das ist eine Grundregel unseres Lebens.

Die Bruderliebe soll unter euch bleiben,
und vergeßt nicht die Gastfreundschaft.
Durch sie haben einige Engel beherbergt,
ohne es zu ahnen.
Denkt an die Gefangenen,
als wäret ihr mitgefangen.
Steht den Mißhandelten bei,
auch ihr lebt im irdischen Leib.

Aus: Hebräerbrief 13,1–3

☧

Impulse

Freundschaft hat viele Formen und Phasen, je nach unserer Personstruktur und Lebensgeschichte. Der offene Umgang mit den nächsten Mitmenschen; Gastfreundschaft für Fremde. Das sind Zielwerte auch für uns.

Das Erlernen von Mitgefühl mit Leidenden, mit Armen und Schwachen. Sich hineindenken in Mißhandelte und Gefangene, in Menschen in Notsituationen. Betroffensein vom Leid anderer, die Gleichgültigkeit überwinden.

Mitfühlend handeln lernen, sich in andere Menschen hineinfühlen. Sich in ihre Rolle und Situation versetzen; sie in ihrer Lebensgeschichte verstehen wollen. Sich politisch engagieren, um dem vielfältigen Unrecht wirkungsvoll entgegentreten zu können. Das sind bleibende Aufgaben.

Die Erschaffung des Menschen

Der Schöpfer sprach:
Wir wollen den Menschen nach unserem Bild
schaffen, uns ähnlich.
Die Menschen sollen bestimmen über
die Fische im Meer,
über die Vögel der Luft, über das gezähmte Vieh,
über die Wildtiere der Felder,
über die kriechenden Würmer.

Genesis 1,26

Impulse
Aus den Naturwissenschaften erkennen wir, daß sich unsere Vorfahren von den höheren Säugetieren weiterentwickelt haben. Der Übergang vom tierischen zum menschlichen Leben ist ein fließender; wir kommen seinen Spuren immer näher. Der göttliche Schöpfer bewirkt die Entwicklung des Lebens. Er steht hinter der Evolution der Arten. Und wir sind biologisch verwandt mit den Tieren. Einige von ihnen entwickeln Werkzeuge und benutzen Zeichensysteme; sie haben Ansätze von Intelligenz.
Doch das volle „Abbild" des Schöpfers sind wir Menschen. Denn in uns entwickeln sich Intelligenz und freier Wille. Über die Tiere sollen wir nicht grausam herrschen, wir sollen nicht beliebig mit ihnen experimentieren. Denn wir haben für sie Verantwortung.

Der Schöpfer schuf die Menschen nach seinem Bild,
als Mann und Frau schuf er sie, nach seinem Urbild.
Er segnete sie und sprach:
Seid fruchtbar, mehret euch,
bevölkert die Erde, gestaltet sie.
Bestimmt über die Fische im Meer,
über die Vögel in der Luft,
über die Tiere auf der Erde.

Aus: Genesis 1,27–28

Impulse
Wir Menschen sind das volle Abbild des Schöpfers. Doch auch die Tiere und alle Lebewesen partizipieren an diesem Abbild. Aber wie ist der göttliche Schöpfer, wenn wir sein Bild sind?
Er muß weiblich und männlich sein, zu gleichen Teilen. Er ist also kein himmlischer Patriarch. Unsere bildhaften Darstellungen zeigen meist nur die halbe Wahrheit. Er ist ein intelligentes und liebesfähiges Wesen, mit voller Freiheit des Handelns.
Wir sind beauftragt, das Leben weiterzugeben und die Erde mit Augenmaß und Klugheit zu gestalten. Wir dürfen nicht als Ausbeuter und Herren leben. Wir sind Geschwister und Verwandte aller Lebewesen. Denn auch sie bilden im Ansatz den göttlichen Schöpfer ab.
Dies ist eine faszinierende Schöpfungsgemeinschaft.

Der Schöpfer sprach zu den Menschen:
Ich übergebe euch alle samentragenden Kräuter
und alle früchtetragenden Bäume auf der Erde,
sie sollen euch zur Speise dienen.
Den Feldtieren, den Vögeln und den Kriechtieren
gebe ich die grünen Kräuter und das Gras
zur Nahrung.

Aus: Genesis 1,29–30

Impulse

Das Leben entfaltet sich in harter Konkurrenz; alle Arten streben nach Licht und Lebensraum. Die einen dienen den anderen zur Nahrung. Die Nahrungskette ist ein „Fressen und Gefressenwerden“. So sehen es die Biologen.

Wir Menschen erhalten zunächst die Kräuter, die Samen und die Früchte zur Nahrung. Von Fleisch ist hier nicht die Rede. Das ist die Lebensform der frühen Sammler und der niederen Bodenbauern, die nur selten Jäger waren.

Auch den Tieren werden die Kräuter zur Nahrung gegeben. Doch de facto fressen viele Tiere das Fleisch der anderen. Auch wir Menschen ernähren uns zunehmend von den Tieren. Der Text spricht aber für einen verantwortlichen Umgang mit dem Leben.

Alle, die sich von der Kraft des göttlichen Schöpfers leiten lassen, sind seine Kinder.
Ihr habt nicht den Geist der Knechtschaft,
sondern den Geist der Kindschaft erhalten.
Wenn wir aber Kinder sind,
dann sind wir auch Erben des göttlichen Schöpfers.
Denn in seinem Geist rufen wir:
Abba, Vater.

Aus: Römerbrief 8,14–17

☧

Impulse

Wenn wir an einen göttlichen Schöpfer glauben können, der die Evolution des Lebens begleitet, dann erleben wir einen Sinn und eine letzte Geborgenheit. Dann ist unser Leben, trotz aller leidvollen Erfahrungen, ein gutes.

Wir müssen uns in dieser Welt nicht als bedrückte Sklaven fühlen; auch nicht als Sklaven unserer Biologie. Sondern wir dürfen als freie Kinder des Schöpfers durchs Leben gehen. Mit aufrechtem Gang, zum Teil weinend, zum Teil lachend und spielend.

Und wir können zum Schöpfer eine persönliche Beziehung haben; wie zu einem „Vater" und zu einer „Mutter". Wir dürfen in kindlicher Weise voll Vertrauen zu ihm sprechen. Denn wir sind die Erben seiner Schöpfungskraft. Er hört uns und versteht uns.

Innere Lebenswerte

Überfluß und Reichtum machen das Leben schön,
doch wichtiger als beide ist ein Schatz der Seele.
Kinderreichtum und Städtebau machen
einen Namen groß,
doch wichtiger ist es, die Weisheit zu finden.
Viehherden und Felder lassen ein Leben gedeihen,
doch wichtiger als sie ist eine treue Frau.

Aus: Sirach 40,18-19

Impulse

Gewiß dürfen wir Reichtum und Überfluß mit Augenmaß genießen. Wenn wir bereit sind, sie mit Bedürftigen zu teilen. Doch der wahre „Schatz der Seele" könnte das Gefühl der Verantwortung für andere sein.

Wer Großes leistet, wird auch unter uns gerühmt. Doch wirklich groß ist ein Mensch, wenn er um die Weisheit des Lebens ringt. Wenn es ihm gelingt, authentisch und solidarisch mit anderen zu leben.

Wichtiger als wirtschaftliche Reichtümer sind auf Dauer gelingende Partnerbeziehungen. Denn dringlicher als Besitz brauchen wir Zuwendung und Geborgenheit. Liebenkönnen und Geliebtwerden sind unsere primären Lebensziele.

Du sollst das Recht nicht beugen,
bei Gericht kenne kein Ansehen der Person.
Bestechungen sollst du nicht annehmen,
sie machen dich blind und führen ins Unrecht.
Vielmehr suche Recht und Gerechtigkeit.

Aus: Deuteronomium 16,19–20

Impulse

Diese Regeln gelten zunächst für Personen, die öffentliche Ämter bekleiden; für Menschen in der Verwaltung und im Gerichtswesen. Ein Rechtsstaat baut allein auf Recht und Gerechtigkeit, auch heute.

Durch den Reiz von Gewinn und Reichtum werden wir anfällig für Bestechung. Viele werden in ihren Entscheidungen käuflich. Dies gilt auch für viele Wissenschaftler, die fast Beliebiges durch Gutachten absichern.

Deswegen haben viele das Vertrauen in den Rechtsstaat und in die Wissenschaft verloren. Sie sehen, wie die Stärkeren es sich richten, auf Kosten der Schwächeren. Umso dringlicher wird unser Ringen um Vertrauen und um Aufrichtigkeit im Leben.

Hilf allen, die gerecht handeln,
aus Barmherzigkeit nach deinen Möglichkeiten.
Sei nicht kleinlich, wenn du Gutes tust.
Wende deinen Blick nie von einem Armen ab,
dann wird auch der göttliche Schöpfer
auf dich sehen.

Aus: Tobit 4,7-8

Impulse

Die Verteilung von Hilfsgütern ist ein Problem, in unserer kleinen Welt, aber noch mehr in unserer großen Welt. Viele verweigern deswegen die Hilfe an Arme, weil sie nicht an die gerechte Verteilung der gespendeten Güter glauben.

Auch für uns gilt, daß wir uns den Blicken der Armen und Notleidenden stellen müssen. In der unmittelbaren Nähe und in der weiteren Entfernung. Vor allem in den Ländern der Dritten Welt.

Der göttliche Schöpfer beschenkt uns reichlich, gerade in Gesellschaften des Wohlstandes. Folglich sollen auch wir einander reichlich beschenken und einander helfen. Den Kreis des Schenkens und Beschenktwerdens müssen wir in Bewegung setzen und halten.

Die Früchte des göttlichen Schöpfergeistes sind:
Liebe und Freude, Friede und Geduld;
Milde und Güte, Treue und Sanftmut,
Bescheidenheit und Augenmaß in allen Lagen.
Wir wollen nicht prahlen und einander
nicht beneiden.

Aus: Galaterbrief 5,22–26

☧

Impulse

Auch wir brauchen feste Lebenswerte, früher wurden sie Tugenden genannt. Manche dieser Werte mögen sich heute verändern. Doch unsere authentischen Grundbedürfnisse bleiben dieselben.

Es ist wichtig, daß wir einander diese Lebensbedürfnisse hinreichend befriedigen. Dazu gehört: Mit den eigenen Stärken nicht prahlen. Nicht andere wegen besserer Begabungen und Chancen beneiden. Das Beste aus dem eigenen Leben zu machen versuchen.

Ringen um Frieden in Konfliktsituationen: um Treue in den Beziehungen; um Geduld mit allem Lebendigen; um Entfaltung von Lebensfreude; um das schöpferische Miteinander. Das sind konkrete Lernziele des Lebens, auch für uns Moderne und Postmoderne.

Vergänglichkeit des Daseins

Menschen und Tiere
folgen dem selben Schicksal,
beide müssen sterben,
beide haben denselben Atem.
Beide sind aus Staub
und kehren zum Staub zurück.

Aus: Kohelet 3,19–20

Impulse

Auch wenn wir heute im Schnitt sehr alt werden und unsere Gesundheit lange erhalten, irgendwann geht unser Leben zu Ende. Und es hat wenig Sinn, diese Tatsache aus unserem Bewußtsein zu verdrängen. Wir sollten darauf vorbereitet sein.

Die Tiere und wir Menschen sind verwandt. Wir haben eine ähnliche biologische Struktur. Auch Tiere haben Gefühle und Empfindungen, wir sollten mitfühlend mit ihnen umgehen. Biologisch gesehen sind sie unsere älteren „Geschwister".

Wir wissen um unser Lebensende. Und wir sollten lernen, es zu akzeptieren. Wenn wir uns dagegen wehren, können wir nicht gut leben. Wir können beim göttlichen Schöpfer Geborgenheit suchen, in ihm haben wir Bestand.

Das ist unser stärkster Trost.

Denk an deinen Schöpfer in frühen Jahren,
ehe die Tage der Krankheit und des Alters kommen ...
ehe die silberne Schnur zerreißt
und die goldene Schüssel bricht,
ehe der Staub zur Erde zurückkehrt
und der Atem zum Schöpfer heimgeht.

Aus: Kohelet 12,1–7

Impulse

Auch wenn unser Leben vergänglich ist, dürfen wir uns des Daseins freuen. Wir dürfen es zusammen mit guten Menschen genießen. Denn wir kommen alle von einem göttlichen Schöpfer her.

Für Nichtreligiöse ist freilich alles, was geschieht, Zufall oder Chaos. Für sie gibt es keinen göttlichen Plan, keinen letzten Sinn. Die Ungeborgenheit und die Hektik des Genießens kann für sie groß sein.

Religiöse Menschen beziehen sich auf einen göttlichen Schöpfer. Sie können gelassener und wohl auch geborgener leben. Ihr Leben erhält einen letzten Sinn. Allerdings werden sie mit Nachdruck zum Ringen um Liebe verpflichtet. Dieses Ringen läßt unsere Angst vor dem Tod gering werden.

Mein Sohn, um den Toten
laß deine Tränen fließen,
trauere um ihn und stimme das Klagelied an.
Bestatte seinen Leib, wie es Sitte ist,
sei betrübt und überlaß dich heftiger Klage.
Doch beende die Trauer, wenn es an der Zeit ist.

Aus: Sirach 38,16–17

Impulse

Der Tod eines Mitmenschen ist schmerzvoll für alle Hinterbliebenen. Wir sollten diesen Schmerz nicht verdrängen. Denn der Tod ist die letzte Grenze unseres Lebens.

Alle alten Kulturen haben Riten der Trauer und des Schmerzes. Wir sollten diese Riten nicht vergessen, denn darin können wir den Schmerz mit anderen teilen. Und wir erleben im Trauern von neuem die Gemeinschaft der Überlebenden.

„Trauerarbeit" besteht im Zulassen des Schmerzes, in der Erinnerung an gemeinsames Erleben, im Erleben der Trennung. Nur durch die Trauer hindurch gewinnen wir neu die Freude am Leben.

Sorget euch nicht um euer Leben, was ihr essen werdet,
noch um euren Leib, was ihr anziehen werdet.
Ist das Leben nicht viel mehr als Nahrung?
Und ist der Leib nicht mehr als die Kleidung?
Schaut auf die Vögel des Himmels, sie säen nicht,
sie ernten nicht und sammeln in keine Scheunen.
Der himmlische Vater ernährt sie.
Sorgt euch nicht um den morgigen Tag,
jeder Tag hat genug der Plage.

Aus: Matthäus 6,25–26.34

☧

Impulse

Können wir, denen die Grundversorgung vielfach gesichert ist, diesen Text noch verstehen? Auch wir arbeiten um Nahrung, um Kleidung und um Wohnung. Doch sind dies die letzten Werte unseres Lebens?

Wie sieht das aber für Menschen aus, deren Überleben nicht gesichert ist? Für Wohnungslose bei uns? Für Hungernde in der Dritten Welt? Können auch sie die Geborgenheit beim göttlichen Schöpfer erleben?

Gewiß, wir sorgen uns zuviel um Wohlstand und Überfluß. Wir hängen wohl zu stark an Sachwerten und Besitztümern. Aber völlig sorglos können auch wir nicht leben, denn die Sorge gehört zu unserem Menschsein. Freilich können wir unsere Sorgen relativieren und vermindern, wenn wir uns bei Gott festmachen.

Wenn wir für andere Sorge tragen, verringert sich unsere Daseinsangst.

Das Lob der Schöpfung

Die Himmel rühmen die Größe
und Schönheit des Schöpfers,
die Himmelsfesten verkünden das Werk seiner Hände.
Der Tag gibt seinen Ruhm weiter an die Nacht,
ohne Worte und Sprache,
ihre Botschaft ertönt in alle Welt.
Der Sonne hat er ein Zelt geschaffen,
wie ein Bräutigam geht sie daraus hervor.
Vollkommen sind die Gesetze des Schöpfers.

Aus: Psalm 19,2–8

Impulse

Die Menschen früher Kulturen konnten mehr als wir heute über die Größe und Schönheit der Schöpfung staunen. Unsere naturwissenschaftlichen Erkenntnisse haben uns dieses Staunen getrübt.

Doch wir sehen heute auch das Chaotische und Zerstörende in der Schöpfung. Das Unbekannte und der Zufall machen uns Angst und Sorge. Wir wissen um die harten Gesetze des Lebens und des Überlebens in der Biosphäre.

Dennoch haben sich religiöse Menschen dieses Staunen bewahrt: Es ist nicht selbstverständlich, daß wir leben, daß der Kosmos existiert. Es ist gut, wenn wir um Dankbarkeit ringen, angesichts der Größe des Daseins. Es ist wunderbar, mit anderen Lebewesen leben zu dürfen.

Der Schöpfer ist mein Hirte,
ich leide keine Not,
er läßt mich auf grüner Weide lagern,
er führt mich zu Wassern, um zu ruhen.
Meiner Seele spendet er Kraft,
er leitet mich auf rechtem Weg.
Auch wenn ich im finstern Tal wandern muß,
so fürchte ich kein Unheil, denn er ist bei mir.
Sein Hirtenstab gibt mir Zuversicht.

Aus: Psalm 23,1–4

Impulse

Wer die Welt nur materialistisch sehen möchte, für den gibt es keinen Grund mehr, zu staunen. Und wer in allem nur den blinden „Zufall" sieht, wird schwer einen tragenden Sinn für sein Leben finden.

Doch wer an eine ordnende Kraft im Kosmos glauben kann, wird trotz aller Zerstörung und allen Leides eine letzte Geborgenheit finden. Um sie sollten wir ringen ein Leben lang. Denn es ist schwierig, Sinnleere zu ertragen.

Wir können den göttlichen Schöpfer als personales Wesen sehen; da wir als seine „Abbilder" personale Wesen sind. Wir verstoßen damit gegen keine Regeln der Wissenschaft. Wir können ihn wie einen „Hirten", wie „Vater und Mutter" sehen. Und wir können glauben, daß „Liebe" sein Lebensprinzip ist. Diese anthropomorphe Deutung macht unser Leben reich.

Unser Schöpfer, wie wunderbar
ist auf der ganzen Erde dein Name.
Deine Größe hast du
über den Himmel ausgebreitet,
Kinder und Säuglinge singen dein Lob.
Ich schaue den Himmel, das Werk deiner Hände,
den Mond und die Sterne hast du geformt.
Was ist der Mensch, daß du seiner gedenkst,
daß du für ihn sorgst?

Aus: Psalm 8,2–5

Impulse

Gewiß erkennen wir im Kosmos viel Chaos und Zerstörung. Gestirne entstehen und brechen in sich zusammen. Leben entsteht und wird schmerzvoll zerstört. In weiten Bereichen der Tierwelt besteht Leben aus Fressen und Gefressenwerden. Auch das ist ein Teil der Schöpfung, davor können wir die Augen nicht verschließen.

Und dennoch haben wir Menschen die Chance, gut und friedvoll miteinander zu leben. Wir müssen einander nicht zerstören; wir müssen nicht fressen und gefressen werden. Denn wir haben die Begabung, einander zu helfen, einander zu lieben. Wir können uns gegenseitig wichtige Bedürfnisse der Seele und des Körpers befriedigen. Darüber sollten wir froh und dankbar sein. Wir können auch heute staunen über die Größe des Daseins.

Betrachtet die Lilien des Feldes,
wie sie wachsen.
Sie arbeiten nicht und spinnen nicht,
aber nicht einmal König Salomo
war so schön gekleidet,
wie eine dieser Lilien.
Wenn der Schöpfer die Gräser und Blumen
so prachtvoll kleidet,
umso mehr wird er für euch sorgen.

Aus: Matthäus 6,28–30

☧

Impulse
Die Menschen früher Kulturen lebten ausgesetzter, aber sie waren näher bei der Natur, als wir heute es sind. Sie konnten sich über die Schönheit der Blumen zur Zeit des Blühens freuen. Sie konnten sich vieles Schöne nicht erklären.
Doch wir können heute das ganze Jahr über Blumen zum Blühen bringen, in Überfluß und als Billigware. Wir kennen die Gesetze des Blühens, daher haben wir das Staunen verlernt. Wir sehen fast alles unter dem Gesichtspunkt des Nützlichen.
Aber können wir nicht unser ökonomisches und technokratisches Denken etwas zurückstellen? Können wir nicht im Prozeß des Lebens die Weisheit des göttlichen Schöpfers neu entdecken? Können wir uns nicht die Lebensfreude früher Kulturen wieder zurückholen?

Das Glück des Daseins

Nicht im Menschen selbst gründet das Glück,
daß er essen und trinken kann
und sich seines Besitzes erfreut.
Das Glück des Menschen kommt
aus der Hand des göttlichen Schöpfers ...
Alles hat seine Zeit und seine Stunde:
Es gibt eine Zeit zum Gebären
und eine Zeit zum Sterben,
eine Zeit zum Pflanzen
und eine Zeit zum Ernten.

Aus: Kohelet 2,24–25; 3,1–2

Impulse

Sind wir wirklich immer unseres Glückes Schmiede? Zum Teil können wir unser Leben frei gestalten. Zum anderen Teil bleiben uns aber feste Grenzen, die wir nicht überspringen können.

Vererbung, Begabung und soziales Umfeld sind unsere Vorgaben. Sie sind uns zugeteilt vom göttlichen Schöpfer. Über sie können wir nicht verfügen. Wir müssen lernen, sie anzunehmen.

Alles Lebendige hat seine Zeit. Wir sollten hinhören auf den inneren Rhythmus unseres Lebens; in der Stille und in der Meditation. Wir sollten von Zeit zu Zeit in unsere Mitte gehen, um Glück zu erleben, um dankbar zu werden.

Bei allen deinen Taten bleibe bescheiden.
Dann wirst du mehr geliebt als einer,
der viele Gaben verteilt.
Je größer du bist, umso niedriger zeige dich.
Denn wirklich groß ist nur die Macht des Schöpfers.
Ein trotziges Herz nimmt ein böses Ende.
Wer aber das Gute liebt, wird von ihm geleitet.
Wer das Gute tut, dem begegnet er auf seinen Wegen.
Wenn er einmal wankt, so wird er ihn stützen.

Aus: Sirach 3,17–20; 26–29

Impulse

Warum neigen wir zu Überheblichkeit und wollen größer scheinen als andere? Können wir Gleichwertigkeit mit anderen Menschen schwer ertragen? Ist es so schwer, sich als Geschwister zu fühlen?

Böse Taten begegnen uns immer wieder auf unseren Wegen. Wenn wir Haß säen, dann werden wir mit den Folgen konfrontiert. Den Kreisläufen des Bösen ist nur schwer zu entkommen. Können wir sie überhaupt sehen?

Auch das Gute, das wir tun, begegnet uns immer wieder. Es gibt unserem Leben Sinn und moralischen Halt. Die Liebe läßt unser Leben gelingen, in kleinen Schritten. Wir sollten das Gute tun, wo immer es uns möglich ist. Und wir sollten um Liebe ringen, solange unsere Lebenskraft ausreicht.

Das Glück des Menschen besteht darin,
zu essen und zu trinken
und sich der Güter zu freuen,
die der göttliche Schöpfer uns schenkt,
für die kurzen Tage unseres Lebens.

Aus: Kohelet 5,17

Impulse

Manche von uns haben keine volle Erlaubnis, glücklich zu sein. Ihre frühen Bezugspersonen haben es ihnen verboten. So haben sie ein schlechtes Gewissen, wenn sie Glück erleben.

Doch der göttliche Schöpfer schenkt uns die Erlaubnis zum kleinen und zum großen Glück des Lebens. Wir dürfen Freude an den kleinen Dingen und an den großen Ereignissen erleben. Wir können es lernen, glücklich zu sein.

Wenn uns aber wenig geschenkt ist, dann besteht die Lebenskunst darin, aus wenigem viel zu machen. Wenn uns viel geschenkt ist, dann müssen wir auch viel an andere weitergeben.

Laßt uns ehrenhaft leben wie am hellen Tag,
ohne maßloses Essen und Trinken,
ohne sexuelle Ausschweifung und Verirrung,
ohne Streit und Eifersucht.
Denn das Reich Gottes besteht nicht
in Essen und Trinken,
sondern in gelebter Gerechtigkeit, in Frieden
und in der Freude der Schöpferkraft.

Aus: Römerbrief 13,13; 14,17

Impulse

Nicht in den Dunkelheiten der Lebensnacht verlorengehen. Nicht in Maßlosigkeit und Übertreibung die Orientierung verlieren. Nicht in der Beliebigkeit und Banalität zugrunde gehen.

Viele neigen heute zu hektischem Genuß. Die Werbung für eine hedonistische Gesellschaft gibt uns dies vor. Trotzdem langweilen sich zu viele Mitmenschen zu Tode. Dieses Dilemma ist von uns selbst gemacht.

Sind nicht soziale Werte wie Gerechtigkeit und Friede wichtiger als permanenter Genuß? Finden wir in unserer Maßlosigkeit noch zurück zum rechten Maß? Können wir dem Überdruß des Überflusses entkommen? Wir können dieses Dilemma überwinden, wenn wir es wollen.

Bildung des Gewissens

Im Traum schließt man viele Geschäfte,
und Ungebildete machen viele Worte.
Sieh zu, daß dein Mund
dich nicht ins Verderben führt.

Aus: Kohelet 5,2–5

Impulse

Heute streben wir vor allem nach Wissen, das wir wirtschaftlich umsetzen können. Die Bildung der moralischen Person, des Gewissens und des Herzens ist uns nicht mehr so wichtig. Sie wird zunehmend dem privaten Bereich überlassen. Doch damit setzen wir uns vielen Defiziten des Lebens aus. Die alten Kulturen wußten um die Notwendigkeit der Charakterbildung. Sie nannten dies die „Weisheit des Lebens". Jeder Mensch sollte sein Leben lang nach dieser Weisheit streben.

Der Unweise macht viele leere Worte, er ist ein Meister der Täuschung. Der Weise aber hält seine Zunge im Zaum, um nicht durch böse Rede sich selbst und anderen zu schaden. Auch heute ist uns das Streben nach Wahrhaftigkeit und Klugheit bitter nötig. Wir haben uns an die Lüge gewöhnt und können sie kaum von der Wahrheit unterscheiden.

In eine Seele, die Böses sinnt,
kehrt die Weisheit nicht ein.
Auch wohnt sie nicht in einem Leib,
der sich der Sünde hingibt.
Die Weisheit ist
eine menschenfreundliche Lebenskraft,
die Sprüche des Verleumders
läßt sie nicht ungestraft.

Aus: Weisheit 1,4–6

Impulse

Weisheit des Lebens hat mit Lebenswerten, mit Moral und mit Gewissen zu tun. Sie weiß um die Grundregeln des guten Zusammenlebens. Und sie akzeptiert diese. Denn sie stammt aus einer langen Kette von Lebenserfahrungen vieler Menschen und Kulturen.

Wer gegen Mitmenschen Böses plant, wer andere schädigen will, wer sich an anderen rächt und wer andere verleumdet, der verachtet das Leben. Wer dies tut, schädigt sein eigenes Leben und das der Mitmenschen.

Für viele ist es auch heute sehr schwer, lebensfeindliche Einstellungen zu verändern. Oft ist therapeutische Hilfe nötig, damit das gelingen kann. Doch die Erfahrung von solidarischen und liebenden Mitmenschen hilft uns, unser soziales Gewissen zu bilden.

Auch wir wissensgesättigten Menschen kommen um das mühsame Erlernen von Liebe nicht herum.

Der Weise schweigt bis zur rechten Zeit,
der Tor redet zur Unzeit und macht viele Worte.
Mancher Erfolg wird den Menschen zum Schaden,
und mancher Gewinn wird zum Verlust.
Besser ist es, die Torheit
als die Weisheit zu verbergen.

Aus: Sirach 20,7.9.31

Impulse
Weisheit des Lebens besteht im Wissen um die Grundwerte des Zusammenlebens. Sie weiß um die Notwendigkeit von Solidarität, von gegenseitiger Hilfe. Doch sie besteht nicht in vielen und schönen Worten, die niemandem nützen.
Unsere heutige Lebensweisheit heißt zumeist: Erfolg haben. Doch jeder Erfolg hat auch seine Kehrseite und seine Schäden. Umgekehrt hat auch jeder Mißerfolg noch ein Stückchen Vorteil.
Unter uns gibt es weder den totalen Erfolg noch den vollständigen Mißerfolg. Beiden bleibt ein Überhang. Dies zu wissen, ist für viele tröstlich. Und die Fortschritte in unserer Kultur sehen meist viel größer aus, als sie tatsächlich sind.

Warum siehst du den Splitter
im Auge deines Bruders?
Und warum siehst du den Balken
in deinem eigenen Auge nicht?
Du Heuchler, zieh zuerst
den Balken aus deinem Auge.
Dann kannst du versuchen,
an den Splitter im Auge deines Bruders
heranzukommen.

Aus: Matthäus 7,3–5

☧

Impulse
Moralische Bildung ist Herzensbildung. Es geht darum, sensibel zu werden für die eigenen Fehler und Defizite. Zumeist ist es leichter, zuerst die Fehler der anderen zu sehen.
Vor allem Kritiker ihrer Zeit müssen auch selbstkritisch sein. In dem Maß, als sie an ihren eigenen Defiziten arbeiten, werden sie glaubwürdig, um die Fehler ihrer Mitmenschen korrigieren zu können.
Wir müssen den mühsamen Weg gehen, uns gegenseitig zu korrigieren. Aber es ist gut zu wissen, daß wir aus den Fehlern lernen können. Niemand muß bei seinen Lebensdefiziten stehen bleiben. Wir sind alle auf dem Weg zu mehr Weisheit und zu mehr Liebesfähigkeit. Oder aber wir hemmen und stören unser eigenes Leben.

Unser Bezug zum Schöpfer

Der Schöpfer hebt die Gebeugten empor,
er liebt die Gerechten.
Die Fremden schützt er,
der Witwen und Waisen nimmt er sich an.
Doch den Weg der Frevler und Gewalttäter
macht er zum Irrweg.

Aus: Psalm 146,8-9

Impulse
Für viele ist heute die Vorstellung von einem göttlichen Schöpfer fragwürdig geworden. Zuviel Unrecht und Unmenschliches wurde im Namen eines guten Gottes getan. Zu viele haben unter Berufung auf einen liebenden Gott ihre Mitmenschen gemordet.
So ist die Religion für kritische Zeitgenossen kompromittiert. Die Täter haben im Namen eines autoritären Gottes gemordet. Und sie hatten kein schlechtes Gewissen. In seinem Namen konnte fast Beliebiges getan werden.
Dennoch bleibt unter uns die Suche nach einer Sinnwelt, die uns trägt. Und es bleibt die Sehnsucht nach mehr Menschlichkeit für alle. Es ist der Traum von mehr Liebe und Geborgenheit in diesem Leben.

Wann ist ein Mensch
vor dem Schöpfer im Recht?
Selbst wenn er mit ihm streiten wollte,
bekäme er keine Antwort.
Gott ist stark an Verstand und Macht,
wer kann ihm trotzen?
Es gibt keinen Schiedsrichter
zwischen ihm und mir.

Aus: Ijob 9,2–4.33

Impulse

Hat es einen Sinn, gegen sein Schicksal zu hadern? Was hat ein Bedrückter und Leidender davon, wenn er seinem Schöpfer Vorwürfe macht? Mit diesen Fragen des Ijob können wir jederzeit konfrontiert werden.

Es ist gut, wenn wir unseren Schmerz hinausschreien können. Es ist wichtig, wenn wir unserer Klage eine Stimme geben. Dies stärkt unsere Lebenskraft, wenn wir mit unserem Schicksal ringen. Und es entspricht unserer Natur, den Schmerz und den Tod nicht einfach hinzunehmen.

Und doch, im letzten müssen wir einsehen, daß wir machtlos sind. Wir müssen uns fügen in unser Schicksal, wie hart es auch sein mag. Es ist gut für uns, wenn wir es annehmen können; wenn wir trotzdem beim göttlichen Schöpfer Geborgenheit finden. Das ist die Erfahrung von „Gnade", von der alle Religionen sprechen.

Selig der Mensch, der den Schöpfer fürchtet
und der an seinen Gesetzen Freude hat.
Auf seinen Nachkommen ruht der Segen,
Fülle und Reichtum sind in seinem Haus.
Er tut Gutes ohne Ende und strahlt
wie ein Licht im Dunkeln.
Er ist milde, gerecht und barmherzig,
er leiht mit Freude.
Sein Leben ordnet er nach Recht und Gesetz.

Aus: Psalm 112,1–5

Impulse

Lange Zeit konnten wir glauben, religiöse Menschen seien moralisch besser als nichtreligiöse Zeitgenossen. Doch bei genauerem Hinsehen fällt es uns heute schwer, dies zu glauben.

Wir wissen zu viel über die inhumanen Folgen von religiösen Überzeugungen. Wenn ein autoritärer und rigider Gott beliebiges Töten befehlen kann, dann brechen die menschlichen Werte zusammen. Und wir haben mit Recht Angst vor solchen Gotteslehren.

Freilich gibt es auch andere Bilder von einem Gott, der niemals das Töten und Hassen legitimiert. Das ist das Bild derer, die ehrlich um Menschlichkeit für alle ringen. In unserer Kultur kämpfen ständig unterschiedliche, ja konträre Gottesbilder miteinander. Auf welcher Seite stehen wir?

Glaubst du nicht, daß ich im göttlichen Schöpfer bin?
Daß dieser zu mir wie ein Vater ist,
und daß dieser Vater in mir ist?
Die Worte, die ich rede, kommen von ihm.
Der göttliche Schöpfer und Vater aller Menschen
tut seine Werke.
Glaubt mir, daß ich in diesem Vater bin
und daß er in mir ist.

Aus: Johannes 14,10–11

Impulse

Jesus sagt, der göttliche Schöpfer sei wie ein Vater zu uns. Heute würden wir ergänzen, er ist auch wie eine Mutter zu uns. Denn beide Geschlechter bilden ihn mit ihrem Leben und Dasein ab.

Der göttliche Schöpfer wirkt und redet in Menschen, in seinen Geschöpfen. Können wir glauben, daß er es auch in uns tut, wenn wir um Liebe und Barmherzigkeit ringen? Denn „Liebe" ist das Wesen des Schöpfers, wird uns gesagt.

Es geht also um das Experiment des Liebens, wenn wir dem göttlichen Schöpfer nahe kommen wollen. Es geht um das Risiko des Mitgefühls mit anderen, wenn wir die Schöpfungsordnung verstehen wollen. Wo uns Liebe in Spuren gelingt, können wir dies verstehen. Diese Spuren sind die Lichtfunken des Glaubens.

Solidarisch miteinander leben

Strecke deine Hand auch dem Armen entgegen,
dann bist du gesegnet.
Den Lebenden schenke deine Gaben,
der Toten gedenke.
Entzieh dich nicht den Weinenden,
trauere mit den Trauernden.
Besuche die Kranken, sie werden dich lieben.
Denk an dein Ende, dann wirst du nicht sündigen.

Aus: Sirach 7,32–36

Impulse

In unserer rein marktwirtschaftlichen Zeit nimmt die Solidarität mit den Mitmenschen deutlich und rapide ab. Unser Programm heißt: Tüchtig sein, Erfolg haben, großen Gewinn erzielen! Alles andere sei sekundär, sagen uns die großen Werbestrategen.

Dieses Wirtschaftsprogramm übertragen wir unbewußt auch auf unser privates Leben. Wir leben in harter Konkurrenz miteinander. Wir haben kaum Zeit und Energie, um auf Arme und Schwache zu sehen.

Und wir sagen zur Entschuldigung, die Unterlegenen seien selbst an ihrem Unglück schuld. Ein exzessiver Kapitalismus prägt unser Leben. Unsere Gesellschaft wird spürbar kälter und härter. Haben wir keine Auswege? Können wir wirklich nicht anders?

Die Ausgebeuteten weinen,
und niemand tröstet sie.
Von der Hand der Unterdrücker geht Gewalt aus.
Da preise ich die Toten und die Ungeborenen ...
Zwei Menschen leben besser als einer,
wenn beide fallen, richtet einer den anderen auf.
Wenn zwei zusammen schlafen,
wärmt einer den anderen.
Wenn zwei angegriffen werden,
können sie sich verteidigen.

Aus: Kohelet 4,1-3.9-12

Impulse

Auch unter uns gibt es viele Ausgebeutete und Ausgegrenzte. Es gibt die Opfer von Gewalt und Unterdrückung. Wir müssen nur die Augen auftun und sehen, was der Fall ist, rund um uns herum.

Auch heute gibt es Menschen, die sagen, sie möchten nicht geboren worden sein! Können wir solche Menschen erkennen und auf sie zugehen? Können wir ihnen hilfreich die Hand entgegenstrecken?

Viele leben heute als Singles, um individualistisch ihr Leben optimal gestalten zu können. Aber gelingt das Leben wirklich in isolierter Vereinzelung? Bringt uns die große Freiheit wirklich soviel, wie wir uns von ihr erwarten? Wie können wir die Verluste an Solidarität jemals ausgleichen?

Lobe keinen Menschen
nur wegen seiner schönen Gestalt,
und verachte keinen
wegen seines schlechten Aussehens.
Auch die Biene ist nicht schön
und bringt doch besten Ertrag.
Viele Große wurden klein gemacht,
viele Herrscher wurden gering.
Tadle nicht, ehe du geprüft und untersucht hast.
Und gib keine Antwort, ehe du nicht zugehört hast.

Aus: Sirach 11,2-8

Impulse

Gewiß freuen wir uns über die Schönheit unseres Körpers. Wir bestaunen die Schönheit des anderen und des eigenen Geschlechts. Schönheit ist ein Geschenk des göttlichen Schöpfers, wir sollen sie behutsam entfalten.

Doch der bleibende Wert eines Menschen hängt nicht von dieser Schönheit ab; er hängt nicht am äußeren Aussehen. Der personale Wert eines Menschen ergibt sich aus seinem Tun, aus seinen Einstellungen; im letzten aus seiner Liebesfähigkeit.

So können behinderte und verunstaltete Menschen sozial wertvoller sein, als vor Kraft strotzende Schönheiten. Immer geht es darum, äußere Schönheit mit innerer Liebesfähigkeit zu verbinden. Erst dann sind wir der Schönheit der Schöpfung und des Schöpfers auf der Spur.

Liebt einander, weil auch der Gesalbte Gottes
uns geliebt hat,
er hat sich für uns als Gabe und Opfer hingegeben.

Eph 5,2

Keiner achte nur auf sein eigenes Wohl,
jeder muß auch um das Wohl der Mitmenschen
besorgt sein.

Phil 2,4

Vor allem liebt einander, denn die Liebe ist das Band,
das alles zusammenhält und vollkommen macht.

Kol 3,14

☧

Impulse

Der göttliche Offenbarer hat alle Menschen geliebt. Folglich sollen wir Menschen einander mit Liebe begegnen. Das ist der Denkansatz für die frühen Christen, um einen neuen Lebensstil zu beginnen.

Keiner soll nur für sich und sein Eigenwohl leben, er würde als Egoist und Egozentriker innerlich verarmen. Jeder soll sich für seine nächsten Mitmenschen mitverantwortlich fühlen. Erst das Teilen mit anderen macht uns reich.

Mit diesem anderen Lebensprogramm kann sich jedes Menschenleben entfalten. Es gibt dann keine Herrenmenschen und keine Opfer. Alle sollen sich geborgen fühlen können bei mitfühlenden Menschen. Dies ist das Programm christlicher Humanität, es wurde leider nur selten gelebt.

Freude an Sinnlichkeit

Küsse mich mit den Küssen deines Mundes,
denn süßer als jeder Wein sind deine Liebkosungen.
Deine Öle sind köstlich an Duft, dein Name ist schön,
darum lieben dich alle die Mädchen.
Zieh mich nach dir, laß uns enteilen,
jauchzen wollen wir und deiner uns freuen.

Aus: Hoheslied 1,2–4

Impulse
Von Ausnahmen abgesehen haben wir heute die Freude an Sinnlichkeit wieder entdeckt. Eine lange Epoche offener und latenter Leibfeindlichkeit scheint zu Ende gegangen zu sein. Doch wie gehen wir mit dieser neuen Entdeckung um?
Viele Zeitgenossen versuchen, eine „erotische Kultur" zu leben, in einer guten und gelingenden Partnerschaft. Nicht wenige arbeiten heute intensiv an der Verbesserung ihrer Liebesbeziehungen und Ehen. Es sind echte Lernprozesse in Gang gekommen. Freilich gibt es auch Personen und Gruppen, die dieses Lernen verweigern und verhindern möchten.
Allerdings erleben wir heute auch deutliche Wertverluste. Zu viele lassen sich von postmoderner „Beliebigkeit" beeindrucken. Und sie verlieren dabei ihre moralische Orientierung. Andere verfallen der Banalisierung der Sinnlichkeit, der Langeweile, der Sinnleere, auch der Zerstörung.

Du bist schön, meine Freundin, du bist wunderbar,
deine Augen sind wie verschleierte Tauben.
Dein Haar gleicht einer Ziegenherde auf dem Berg,
deine Lippen sind wie ein Band aus rotem Karmesin.
Deine Brüste sind wie Zwillinge einer Gazelle,
alles an dir ist schön, meine Freundin.

Aus: Hoheslied 4,1-7

Impulse

Diese Texte aus einem jüdischen Liebeslied haben viele Parallelen in Ägypten. Es könnte zur Hochzeit oder zum Ritual der „Heiligen Hochzeit" gesungen worden sein. Es drückt die Freude an Schönheit und Sinnlichkeit aus.

Freude an der Schönheit des Körpers: Der Mann besingt den Körper der Frau. Aber auch die Frau besingt die Schönheit des Mannes. Da ist gegenseitige Begeisterung der Geschlechter und Dankbarkeit an den göttlichen Schöpfer. Auch das ist Weisheit des Lebens.

Wir können heute von dieser Begeisterung, von dieser Romantik lernen. Auch für uns kann Sinnlichkeit zur Begegnung mit dem Heiligen, mit dem göttlichen Schöpfer werden. Dann ist sie nicht durch Banalität bedroht und muß sich nicht mit Gewalt verbinden.

Ich gehöre meinem Geliebten, er verlangt nach mir.
Komm, Geliebter, wir gehen aufs Land,
in die Dörfer und Weinberge,
dort will ich dir meine Liebkosungen schenken.
Meine Liebesäpfel duften, überall liegen
köstliche Früchte.
Ich beschwöre euch, ihr Töchter der Stadt,
stört nicht und weckt nicht die Liebe,
bis es ihr gefällt.

Aus: Hoheslied 7,11–14; 8,4

Impulse

Es geht um das Glück der Liebenden, nicht um die patriarchale Ehe. In der Liebe werden beide Partner gleichwertig. Und beide haben intensiv Sehnsucht nacheinander. Das ist die innere Logik des Schöpfers.

Welche Eheformen in einer Kultur auch gelten mögen, immer geht es um eine Kultivierung der Erotik, um die sinnliche Begeisterung, um die sexuelle Ekstase. Es ist das Eintreten in eine neue Dimension, das Heraustreten aus dem Alltag, die Berührung mit dem Göttlichen.

Dieses ganzheitliche und sinnliche Erleben ist wichtig für unsere seelische Gesundheit. Wenn wir sie verweigern, schaden wir dem eigenen Leben. Und wir schaden auch den Mitmenschen. Die asketische Verweigerung ist nicht das Ziel unseres Lebens, ist nicht Auftrag des Schöpfers.

Siehst du diese Frau?
Sie hat mit ihren Tränen meine Füße benetzt.
Und mit ihren Haaren hat sie meine Füße getrocknet.
Sie hat nicht aufgehört, meine Füße zu küssen.
Mit Salböl hat sie meine Füße gesalbt.
Weil sie viel geliebt hat,
werden ihr viele Fehler vergeben.
Wer wenig liebt, dem wird auch wenig vergeben.

Aus: Lukas 7,44–47

Impulse

Von Jesus werden sehr sinnliche Szenen berichtet: Eine Frau wäscht öffentlich mit ihren Haaren seine Füße. Sie salbt und liebkost sie mit ihren Händen und Haaren.
Für die Zeit Jesu ist das ungleich provozierender als für uns heute. Sinnlichkeit gehört ganz selbstverständlich zum Leben Jesu. Er lebte nicht als Lust verweigernder Asket. Erstaunlich ist, daß sich gerade Asketen an ihm festklammern wollen.
Wer also mit „Haut und Haar" liebt, dem werden viele Fehler vergeben. Hier ist nicht geistige, sondern sinnlich-körperliche Liebe gemeint. Liebende wachsen ganzheitlich, mit Körper und Seele. Sie sind bereit, andauernd aus Fehlern zu lernen. Denn sie folgen der Leuchtspur des göttlichen Schöpfers.

Die Not und Last der Arbeit

Wer ständig nach dem Wind schaut,
kommt nicht zum Säen.
Wer immer die Wolken betrachtet,
kommt nicht zum Ernten.
Den Weg des Windes
kannst du nicht ergründen.

Aus: Kohelet 11,4–5

Impulse

Arbeit ist zu einem kostbaren Gut geworden. Die meisten von uns haben noch geregelte Arbeit. Doch zu viele Mitmenschen suchen Arbeit und Verdienst. Und sie finden beides nicht. Und schon droht eine Gesellschaft, in der große Teile keine dauerhafte Arbeit haben werden. Was bedeutet dies? Arbeit sichert uns den Unterhalt und gibt unserem Leben eine Aufgabe. Gewiß ist sie immer auch mit Leistungsdruck und Streß verbunden. Viele fühlen sich in der heutigen Arbeitswelt überfordert, einige werden darin vorzeitig krank. Die digitalisierte Technologie ist uns nicht nur Hilfe, sondern auch eine schwere Last.

Wir arbeiten kürzere Zeit als früher, doch von uns wird mehr Konzentration verlangt. Meist können wir uns die angebotene Arbeit nicht mehr frei wählen. Wir müssen das nehmen, was zur Verfügung steht. Für viele ist Arbeit unbefriedigend und belastend. Können wir sie wieder humaner gestalten?

Du fauler Mensch, betrachte die Ameise
und werde weise.
Sie hat keinen Aufseher und Herren,
doch sorgt sie im Sommer für Vorrat und Futter.
Wie lange noch willst du schlafen
und nichts tun?

Aus: Sprüche 6,6–9

Impulse

Auch wir brauchen eine starke Motivation, damit wir Arbeit verantwortungsvoll verrichten. Für viele ist heute nicht Faulheit oder Unwilligkeit das Problem, sondern mangelnde Konzentration oder Kraft. So fühlen sich zu viele im Beruf überfordert.

Gewiß sichern wir durch Arbeit unseren Lebensunterhalt, und wir mehren unseren Besitz und Wohlstand. Doch gibt Arbeit unserem Leben auch einen Sinn und eine Aufgabe. Wir tragen etwas bei zum Gelingen des gesellschaftlichen Lebens.

So hat jede Arbeit immer auch eine soziale Funktion: Wir arbeiten auch für andere, für eine Familie, für einen Lebenspartner. Wir arbeiten für Kinder und für alte Menschen. In der Arbeit sind wir füreinander da und vielfältig miteinander verflochten. Wenn wir das begreifen, wird sie uns leichter fallen.

Überlaß dich nicht den Sorgen des Alltags,
schade dir nicht selbst durch dauerndes Grübeln.
Die Freude des Herzens bereichert das Leben,
Frohsinn verlängert die Tage des Daseins.
Doch Neid und Ärger verkürzen das Leben,
und Kummer macht uns vorzeitig alt.

Aus: Sirach 30,21-24

Impulse

Viele Zeitgenossen werden durch die Sorgen des Alltags bedrückt. Durch Beruf und Arbeit sind sie überlastet, so ist ihre Lebensfreude stark eingeschränkt. Und manche sehen gar keinen Ausweg aus diesen Zwängen. Sie geraten in Depressionen.

Können wir unsere Arbeit befriedigender gestalten, mit flexibleren Zeiten und Rollen? Können wir Arbeit mit anderen teilen, die sie nötig haben? Müssen wir durch mehrfache Funktionen soviel horten und raffen, um unseren Besitz zu mehren? Müssen wir so egoistisch leben, wie wir es tun?

Ist unser Lebensgewinn nicht größer, wenn wir weniger arbeiten und weniger Besitz horten? Wenn wir weniger verdienen und weniger dem Erfolg nachjagen? Viele sind heute auf der Suche nach alternativen Formen der Arbeitsverteilung und der Lebensgestaltung. Können wir uns daran beteiligen?

Wir haben euch diesen Grundsatz eingeschärft:
Wer nicht arbeitet, soll auch nicht essen.
Wir haben gehört, daß einige von euch
nicht mehr arbeiten,
sondern untätig und unnütz leben wollen.
Denen befehlen wir,
in Ruhe ihre Arbeit zu verrichten,
damit sie ihr eigenes Brot essen können.

Aus: 2. Thessalonicherbrief 3,10–12

☧

Impulse

Einige der frühen Christen hatten zu arbeiten aufgehört, weil sie die Wiederkunft Christi schon bald erwarteten. Ihnen sagt der Apostel, daß sie dann auch kein Recht hätten zu essen. Jeder Mensch und jeder Christ soll selber zu seinem Unterhalt beitragen.

Diese Forderung kann heute von politischen Populisten leicht mißbraucht werden. Denn viele, die keine Arbeit finden, sind nicht arbeitsscheu und unwillig. Sie sind keine „Sozialschmarotzer“. Sondern sie müssen die Not der Arbeitslosigkeit tragen, mit allen bitteren Folgen.

Jeder sollte sich für die Gemeinschaft als nützlich erweisen. Jeder muß seinen Beitrag leisten für das Gemeinwohl, auch wenn es nicht für jeden geregelte Arbeit gibt. Auch Arbeitslose können sich engagieren im Dienst für andere, wenn sie vom Staat sozial abgesichert sind. Wir brauchen mehr Phantasie für unser soziales Engagement, Aufgaben gibt es genug.

Treue und Mitgefühl

Halte deinem Nächsten in der Armut die Treue,
dann kannst du mit ihm auch sein Glück genießen.
Halte bei ihm aus in den Zeiten der Not,
dann wirst du auch teilhaben an seinem Überfluß.
Ist dein Freund verarmt, dann beschäme ihn nicht.

Aus: Sirach 22,23-25

Impulse

Wir sind heute dabei, Treue neu zu bestimmen: Sich selbst treu sein, um einem Mitmenschen treu sein zu können. Selbst authentisch leben, um einem Menschen Zuwendung und Geborgenheit schenken zu können.
Auch aus fremden Kulturen, z. B. dem Buddhismus, lernen wir den Wert des Mitgefühls: Den Schmerz der Leidenden spüren und in sich zulassen. Die Freude der Glücklichen an sich heranlassen. Lebenserfahrungen mit anderen teilen lernen, einander erlebte Gefühle mitteilen.
Zu einem Menschen stehen, wenn er in Not ist. Den Armen und den Hilflosen eine Stütze sein. Einen Menschen begleiten durch dick und dünn. In kleinen Schritten lernen, solidarisch mit anderen zu leben. Dies sind Zielwerte, die auch für uns heute Geltung haben.

Wer dem Nächsten etwas borgt, erweist ihm Liebe.
Leihe deinem Nächsten, wenn er in Not ist.
Gib das Geborgte zur rechten Zeit wieder zurück.
Halte dein versprochenes Wort und sei treu,
dann bekommst du stets das,
was du zum Leben nötig hast.

Aus: Sirach 29,1–2

Impulse
Einem Mitmenschen etwas zu borgen, ist für den ein Risiko, der wenig hat. Für Menschen im Überfluß ist das kein großes Problem. Sich auf einen Menschen verlassen, daß er das Geborgte zurückgeben kann.
Selber ehrlich sein und das Geborgte zurückgeben, zur rechten Zeit. Den anderen nicht schädigen durch Verschwendung geborgter Güter. Zu den eigenen Versprechungen und Abmachungen stehen, auch wenn es schwerfällt.
Auf das Wohl des Mitmenschen bedacht sein, nicht allein auf den eigenen Gewinn. Immer auch das Leben des konkreten anderen im Auge haben, seine Bedürfnisse und seine Nöte sehen lernen. Die egozentrische Lebenseinstellung schrittweise ablegen. Das ist der lange Lernweg der Solidarität und der Nächstenliebe.

Mancher teilt aus und bekommt immer mehr,
ein anderer geizt über das Maß
und wird immer ärmer.
Der Weise hat Ehrfurcht und meidet das Böse,
doch der Tor läßt sich gehen und ist vermessen.
Besser ist es, in Ehrfurcht vor dem Schöpfer
wenig zu besitzen,
als reiche Schätze zu horten und ohne Ruhe zu leben.
Viel besser ist es, Weisheit zu erwerben,
als Gold und Silber.

Aus: Sprüche 11,24; 10,8; 15,16; 16,16

Impulse
Wer viel von seinen Gütern austeilt, wird innerlich und menschlich reicher. Und oft ist auch das äußere Lebensglück auf seiner Seite. Wir leben heute im Überfluß und haben die Möglichkeit, vieles zu teilen. Warum fällt es uns so schwer? Wer Güter hortet und nichts loslassen kann, schadet auch sich selber. Er verarmt innerlich, sein seelisches Leben wird karg. Erst die Kunst des Teilens bereichert unser Leben. Wir können miteinander Zeit, Gefühle, Zuwendung, Geborgenheit teilen.
Die Ehrfurcht vor dem Schöpfer läßt uns Böses vermeiden. Denn dann schätzen wir den Mitmenschen als Bruder und Schwester. Wir erkennen, wenn wir andere schädigen, schaden wir uns selbst.

Seid barmherzig,
wie euer Vater im Himmel barmherzig ist.
Vergebt anderen, dann wird euch vergeben.
Schenkt in reichem Maß,
dann wird auch euch reichlich gegeben,
ein gutes, gerütteltes und überfließendes Maß.
Denn mit dem Maß, mit dem ihr anderen zuteilt,
mit dem wird auch euch gegeben.

Aus: Lukas 6,36-38

☧

Impulse

Jesus fordert die Seinen zum Teilen auf, zum unentwegten und reichlichen Teilen mit anderen. Dies ist die letzte Weisheit unseres Lebens: Wir sind auf das Teilen angewiesen. Keiner überlebt allein für sich selbst.

Am Anfang unseres Lebens wird uns Liebe und Wärme mitgeteilt, von Eltern und frühen Bezugspersonen. Und später werden wir fähig, diese Wärme und Güte an andere weiterzugeben. In dem Maß wir geliebt wurden und werden, können auch wir andere lieben. Dies ist ein Schlüssel unseres Daseins.

Die letzte Motivation zum Teilen aber ist der göttliche Schöpfer, der uns die Güter des Lebens zuteilt. Einander Vergebung schenken, Güte und Barmherzigkeit teilen. Alle diese inneren Werte mehren sich in dem Maß, als wir sie weitergeben. Nur so entsteht eine humane und menschliche Lebenswelt, nur so bleibt sie erhalten.

Leben in der Familie

Wer eine Frau gewinnt, macht den besten Gewinn,
sie ist dem Mann eine Hilfe und stützende Säule.
Ohne Mauer und Zaun wird ein Weinberg verwüstet,
ohne Frau ist ein Mann rastlos und ohne Ruhe.
Eine schöne Frau macht ihr Gesicht strahlend,
sie übertrifft alle Lust der Augen.

Aus: Sirach 36,22-25

Impulse

Hier wird das Glück der Partnerschaft zwischen den Geschlechtern gelobt. Eine Frau ist dem Mann der höchste Wert, sie ergänzt sein Leben. Sie ist ihm ein ruhender Ort und schenkt ihm Geborgenheit.

Doch dasselbe ist für die Frau der Mann, wenn zwischen ihnen die Liebe gelingt. Er ist für sie ein fester Schutz und ein Ort der Erfüllung. Er gibt ihrem Leben eine Grenze und eine Richtung.

Beide Geschlechter machen sich schön füreinander. Beide ergänzen sich auf wunderbare Weise, nach der Ordnung des göttlichen Schöpfers. Sie vermögen einander ihre wechselseitigen Bedürfnisse zu befriedigen. Das ist das Wunder der Schöpfung, die Weisheit des Schöpfers.

Eine Tochter ist für den Vater ein großer Schatz,
den er hütet und um den er besorgt ist:
in der Jugend, daß sie von den Männern
nicht verschmäht wird;
nach der Heirat, daß sie aus der Ehe
nicht verstoßen wird;
als Mädchen, daß sie nicht vorzeitig verführt wird;
bei ihrem Gatten, daß sie ihm nicht untreu wird;
im eigenen Haus, daß sie nicht schwanger wird;
im Haus des Gatten, daß sie nicht kinderlos bleibt.

Aus: Sirach 42,9–10

Impulse

Die Sorgen des Vaters um die Töchter müssen heute auf die Mütter und auf die Söhne ausgedehnt werden. So sorgen sich Eltern immer, daß das Leben ihrer Kinder gut gelingen möge. Soweit sie können, möchten sie zu diesem Gelingen beitragen.

Einen guten Lebenspartner finden, die eigene Identität nicht verlieren. Sich nicht täuschen und nicht ausnützen lassen. Das Leben weitergeben, Kinder lebenstüchtig erziehen. Das sind auch heute wichtige Ziele.

Auch wenn heute andere Formen von Familie gelebt und experimentiert werden: Unsere Grundbedürfnisse nach Geborgenheit, nach Hilfe, nach Liebe bleiben dieselben. Und wir müssen zusehen, wie wir uns diese Bedürfnisse am besten befriedigen. Nicht alles, was neu ist oder so aussieht, ist auch besser als das Alte und Bisherige.

Mein Sohn, wenn dein Vater alt ist,
nimm dich seiner an,
betrübe ihn nicht, solange er lebt.
Wenn sein Verstand abnimmt, sieh es ihm nach,
beschäme ihn nicht mit deiner Vollkraft.
Denn die Liebe zum Vater wird nicht vergessen,
sie gilt als Sühne für viele Sünden.

Aus: Sirach 3,12–14

Impulse
Diese Weisheit aus einer patriarchalen Kultur gilt auch für Mütter und Töchter. Sie gilt generell für Kinder und Eltern. Unser Umgang mit älteren und alten Menschen soll einfühlend und fair sein.
Sich der alten Mitmenschen annehmen und ihre Grenzen akzeptieren. Denn das werden auch einmal die eigenen Lebensgrenzen sein. Alte Menschen wegen der abnehmenden Lebenskräfte nicht verletzen. Ihr Leben mittragen und ihnen Geborgenheit schenken.
Das ist uralte Lebensweisheit zwischen den Generationen. Wir sind in Gefahr, sie heute zu vergessen. Unsere Leistungs- und Erlebnisgesellschaft setzt einseitig auf Selbstverwirklichung. Wie entkommen wir einer emotional kalten Welt? Wie können wir einen „Krieg der Generationen" verhindern?

Hütet euch, die kleinen Kinder geringzuachten,
ihre Engel im Himmel schauen stets
das Gesicht des himmlischen Vaters.
Jesus stellte ein Kind in ihre Mitte und sagte:
Wer ein Kind um meinetwillen aufnimmt,
nimmt den auf, der mich gesandt hat.
Wer das Reich Gottes nicht aufnimmt wie ein Kind,
der wird nicht hineinkommen.

Aus: Matthäus 18,10; Markus 9,36–37; 10,15

Impulse

Jesus schätzt die Lebenshaltung der Kinder. Sie wurden in den alten Kulturen geringgeschätzt, weil sie wenig Leistung erbringen. Sie sind ungeschützt, unfertig und erst im Werden.

Heute werden Kinder im allgemeinen hochgeschätzt. Doch es gibt viele Kinder, die ausgenutzt und ausgebeutet werden. Es gibt Kinder, die sexuell mißbraucht werden, die harte Arbeit leisten müssen, die seelisch und körperlich verletzt werden.

Dabei brauchen sie im besonderen Schutz und Geborgenheit, Mitgefühl und Zeit. Doch in unserem materiellen Überfluß haben wir zu wenig Zeit für Kinder. So werden sie seelisch verletzt, viele ihrer Bedürfnisse werden nicht befriedigt. Die Folge ist, daß unsere Lebenswelt kälter wird. Wie entkommen wir diesem Dilemma?

Die Folgen der bösen Tat

Wer sich über das Böse freut, wird verachtet.
Nur wer seine Zunge beherrschen kann,
lebt ohne Streit.
Verbreite niemals leeres und falsches Gerede,
dann wird dich niemand tadeln.
Stelle deinen Freund zur Rede,
wenn er Böses gesagt hat.
Sprich mit deinem Nachbarn,
ehe du ihm Vorwürfe machst.

Aus: Sirach 19,5–7.13–14

Impulse

Wir müssen mit dem Bösen leben. Es gibt Menschen, die anderen Böses antun. Und manchmal tun wir selbst Böses. Aber sind wir der bösen Tat wirklich ausgeliefert? Haben wir nicht die Chance, ihr zu entkommen?

Wir müssen die Folgen von bösen Taten rechtzeitig erkennen: die Folgen von Lügen und Verleumdungen, von Unrecht und Verletzung, von Gewalt und Haß. Wir müssen den Schmerz der Opfer in uns spüren, in uns zulassen. Wir müssen den Opfern in die Augen sehen.

Nur dann haben wir die Chance, das Böse zu vermindern, das wir einander antun. Wir müssen es richtig benennen, wenn etwas böse ist. Wir dürfen nicht wegschauen, wenn Böses getan wird. Uns schützend vor die Opfer stellen. Die offene Kritik des Bösen bleibt notwendig. Riskieren wir den Widerstand?

Kurz nur währt der Jubel der Frevler,
nur einen Augenblick dauert ihre Schadenfreude.
Auch wenn ihr Übermut bis zum Himmel steigt
und sie mit dem Haupt an die Wolken rühren,
so vergehen sie doch wie Staub und Mist.
Die Menschen fragen dann: Wo sind sie geblieben?
Wie Traumgesichte der Nacht verschwinden sie.

Aus: Ijob 20,5–8

Impulse

Gewiß, auch die bösen Taten vergehen. Doch ihre Wirkungen können sehr lange dauern. Die Täter können stolz auf die Bedrückten und Verletzten sehen. Die erfolgreichen „Herrenmenschen" können im Land sehr angesehen sein.

Wir trösten uns, daß auch die Erfolge der stolzen Sieger vergehen. Daß auch die Schadenfreuden der Verleumder einmal ein Ende haben. Daß die Gewinne der Übeltäter nicht so groß sind, wie sie zunächst aussehen.

Doch ist es schwer zu ertragen, daß in unserer Welt das Unrecht häufig belohnt wird. Daß die Auslöser von Gewalt großen Gewinn machen. Daß die Aggressoren nicht bestraft werden können. Daß die Ellenbogenmenschen im Erfolg schwimmen.

Trotzdem müssen wir dem Unrecht Widerstand leisten, mit aller Kraft. Wir haben keinen anderen Weg.

Wenn sich der Übeltäter vom Unrecht abwendet,
wenn er nach Recht und Gerechtigkeit handelt,
dann wird er sein Leben bewahren.
Wenn er seine Vergehen einsieht
und wenn er umkehrt,
wird er am Leben bleiben und nicht sterben.

Aus: Ezechiel 18,27–28

Impulse

Hier droht der Prophet dem Übeltäter mit einem frühen Tod. Wenn sein Unrecht aufgedeckt wird, wird er mit dem Tod bestraft. Nur wenn er sich vom Unrecht abwendet, entgeht er der Strafe des göttlichen Schöpfers.

Diesen Glauben können wir heute nicht mehr teilen. Und dennoch müssen auch wir Übeltäter bestrafen. Wir müssen Strafe nicht als Rache und nicht als Sühne verstehen. Wir können sie als möglichen Lernprozeß zu friedvollem Verhalten ansehen.

Aber in einer Zeit ethischer „Beliebigkeit“ ist es nicht leicht, die Grundwerte der Gerechtigkeit, des Friedens, der Solidarität zu bewahren. Doch Religion kann die stärkste Motivation sein, daß wir um Menschlichkeit ringen.

Wehe euch, ihr Schriftgelehrten und Pharisäer,
ihr Heuchler.
Ihr haltet Becher und Schüssel von außen rein,
innen aber seid ihr gefüllt mit Raffgier.
Macht zuerst den Becher innen rein,
dann wird auch euer Äußeres gereinigt sein.

Aus: Matthäus 23,25-26

Impulse

Das sind Sprüche Jesu gegen die großen und kleinen Lebenslügner, zu jeder Zeit. Es sind Worte gegen die Künstler des „schönen Scheines" und des schönen Gesichts; gegen die Meister der Täuschung und der Verführung.

Auch wir können einander immerzu schöne Dinge vorspielen, die nicht wirklich sind. Manche können als Schauspieler des Lebens agieren. Regeln und Gesetze können für viele Alibis sein für verweigerte Mitmenschlichkeit.

Buchstaben sind leicht erfüllbar, äußere Reinheit ist nicht schwer zu erreichen. Schwieriger ist die Reinheit der Seele und des Herzens. Die Lauterkeit des Gewissens in allen Lebenslagen; der aufrechte Gang durch das Leben, allem schönen Schein zum Trotz. Das sind Ziele der Weisheit des Lebens, auch heute noch.

Zur rechten Zeit

Es gibt eine Zeit zum Kämpfen
und eine Zeit zum Heilen;
eine Zeit zum Niederreißen
und eine Zeit zum Aufbauen;
eine Zeit zum Wehklagen
und eine Zeit zum Freudentanz.

Aus: Kohelet 3,3–4

Impulse
Die natürlichen Abfolgen der Jahreszeiten können wir durch Technik modifizieren. Die Natur ist nicht mehr unveränderlich, wir können vielfältig in sie eingreifen.
Auch unsere natürlichen Lebenszeiten können wir verändern: Kindheit und Jugend können wir beschleunigen oder verlangsamen. Das Altwerden können wir hinausschieben, ja fast verdrängen.
Doch geht es unserer Seele gut, wenn wir die natürlichen Rhythmen des Lebens zu stark verändern? Nicht gegen Menschen, sondern gegen Unrecht sollen wir kämpfen. Nicht Leben zerstören, sondern ungerechte Strukturen sollen wir niederreißen. Das sind Ziele humaner Lebensgestaltung.

Entzieh dem Armen
nicht den Lebensunterhalt,
laß die Augen des Betrübten
nicht vergeblich warten.
Enttäusche nicht den Hungrigen,
das Herz des Unglücklichen
sollst du nicht bedrücken.
Dem Bedürftigen verweigere nicht deine Gabe,
die Bitten des Geringen
sollst du nicht mißachten.
Weiche den Verzweifelnden nicht aus
und gib ihnen keinen Anlaß, dir zu fluchen.

Aus: Sirach 4,1-5

Impulse

Den rechten Augenblick in unseren zwischenmenschlichen Beziehungen sehen. Zur rechten Zeit den Notleidenden Zuwendung und Hilfe schenken. Den Armen helfen und den Hungrigen zu essen geben.

Die Hilfe in der Not hat immer ihre Zeit: Bedrückte behutsam wieder aufrichten. Bedürftigen das geben, was sie brauchen. Den Verzweifelten aufrecht zur Seite stehen.

Auch Liebe und Mitgefühl haben immer ihre Zeit: als Nächstenliebe und als Fremdenliebe. Viele kommen aus fremden Ländern zu uns und suchen Heimat. Wenn wir uns selbst annehmen können, fällt es uns leichter, auch andere anzunehmen, wie sie sind.

Mehr als alles andere hüte dein Herz,
denn von ihm geht das Leben aus.
Vermeide alle Falschheiten des Mundes
und der Lippen.
Deine Augen sollen geradeaus schauen.
Deine Wege seien geordnet,
weiche nicht nach rechts oder links ab.
Deinen Fuß halte vor bösen Pfaden zurück.

Aus: Sprüche 4,23–27

Impulse

Wie geht das, sein Herz und sein Inneres hüten? Das heißt: Sein Gewissen bilden, die inneren Einstellungen überprüfen. Als Mensch reifen wollen, in kleinen Schritten und mit anderen zusammen.
Das Ringen um Wahrhaftigkeit, das Einüben von Ehrlichkeit, der aufrechte Gang im Leben. Der gerade Blick und der gerade Weg. Verzicht auf Tricks und Täuschungen, auf Gewalt. Das sind Zielwerte auch für uns heute.
Gewiß bieten uns die Verlockungen des Bösen viele Vorteile. Aber sind deren Beine nicht wirklich kurz? Wir sollten die Folgen des Bösen bedenken, das wir tun und planen. Den Übeltätern widerstehen, den Opfern helfen.

Verbannt aus eurer Mitte jede Art von Bitterkeit,
von Wut und Zorn, von Streit und Lästerung.
Meidet das Böse.
Seid zueinander gütig und barmherzig.
Vergebt einander eure Verfehlungen,
weil der göttliche Schöpfer euch
durch seinen Gesalbten vergeben hat.

Aus: Epheserbrief 4,31–32

☧

Impulse
Um ein neues Miteinander ging es den frühen Christen. Es ist ein Programm des Mitgefühls und der Liebe, das nur zum Teil gelingen konnte. Aber es ist auf breiter Basis gelebt worden und hat unsere Kultur verändert.
Es ist tatsächlich möglich, Zorn und Haß abzubauen, Rache und Gewalt zu vermindern. Es ist möglich, zueinander gütig und barmherzig zu sein.
Wir brauchen eine starke Motivation, um uns mit Herz und Verstand dafür entscheiden zu können. Der göttliche Schöpfer liebt uns. Folglich sind auch wir fähig, einander Liebe zu schenken. Wir tun es in vielfältiger Weise, je nach unserer Begabung.

Der aufrechte Weg

Glücklich der Mensch,
der nicht dem Rat der Bösen folgt;
der nicht den Weg der Sünder geht
und nicht im Kreis der Spötter sitzt;
der vielmehr Freude hat an den Gesetzen
des Schöpfers,
der darüber nachsinnt, Tag für Tag.
Er gleicht einem Baum am Wasser,
der Früchte trägt zur rechten Zeit
und dessen Blätter nicht welken.
Alles, was er tut, gelingt ihm wohl.

Aus: Psalm 1,1–3

Impulse

Auch heute ist es wirtschaftlich verlockend, krumme Wege zu gehen und dabei den Anschein der Gesetzlichkeit zu wahren. Für viele lohnt es sich, klare Gesetze zu umgehen. Oder es ist möglich, das soziale Netz vielfältig auszunutzen, das für Schwächere gespannt wurde. Es ist verlockend, durch List und Täuschung in der Politik Erfolg zu haben. Viele schaffen es sogar, sich selbst zu belügen.

Doch es muß in jeder Gemeinschaft genügend aufrechte Menschen geben, die den geraden Weg gehen. Die auf unredlich erworbene Privilegien verzichten und die auch nicht auf Kosten anderer schnell reich werden wollen. Anders gelingt unser Zusammenleben nicht.

Wer darf wohnen am heiligen Ort?
Der ohne Makel lebt und das Gute tut;
wer die Wahrheit sagt und die Verleumdung meidet;
wer den Nächsten kein Leid antut, noch sie schmäht;
wer seine Schwüre und Versprechen nicht abändert;
wer mit Geld keinen Wucher treibt
und sich nicht bestechen läßt.
Wer das Rechte tut,
dessen Schritte werden nicht wanken.

Aus: Psalm 15,1-5

Impulse

Es ist uraltes Wissen, daß sich nur der moralisch Aufrechte dem heiligen Ort Gottes nähern darf. Denn Lügner und Gewalttäter verstoßen gegen die Gesetze des Schöpfers. Sie sollten sich ihres Tuns schämen.

Nun finden sich auch in der Religion viele Menschen der Lüge und des „schönen Scheins". Sie spielen den Mitmenschen etwas vor, was sie nicht wirklich leben. Und sie sprechen dann noch von einem letzten „Gericht" vor Gott. Dies ist der Grund, warum viele Zeitgenossen die herkömmliche Religion verlassen. Doch eine aufrichtige und humane Religion verpflichtet ihre Mitglieder zu Ehrlichkeit und Wahrhaftigkeit. Vor dem Schöpfer zählen nicht die vielen schönen Worte, sondern die Taten des Lebens. Das sollten wir neu begreifen.

Laßt ab von der Torheit,
damit ihr am Leben bleibt.
Wendet euch ab von den Spöttern und Frevlern.
Wendet euch vielmehr den Weisen und Gerechten zu.
Der Anfang der Weisheit
ist die Ehrfurcht vor dem Schöpfer,
sie verlängert dein Leben
und macht deine Tage voll.

Aus: Sprüche 9,6-11

Impulse

Bei dem großen Angebot an Sinnwelten ist es heute nicht leicht, zwischen Lebensweisheit und Lebenstorheit zu unterscheiden. Viele Gurus versprechen uns heute das schnelle und das große Glück des Lebens. Und sie machen damit satte Gewinne.

Wir sollten sehr genau hinsehen, was uns von diesen Angeboten wirklich guttut und was uns schlecht bekommt. Es gibt gewiß auch Heilendes und Authentisches in diesen Lehren. Aber es gibt zu viel leeres Geschwätz und Täuschung. Wir haben fast den Überblick verloren.

So müssen wir lernen, selbständig zwischen Weisheit und Torheit des Lebens zu unterscheiden. Ein Kriterium sind uns die ungeteilten Zielwerte der Humanität, nämlich Ehrfurcht vor dem Leben und vor dem göttlichen Schöpfer.

Göttliche Schöpferkraft ruht auf mir:
Ich bin beauftragt, den Armen Hilfe anzukündigen,
den Gefangenen die Befreiung zu erwirken,
den Blinden das Augenlicht zu geben,
die Bedrückten wieder aufzurichten
und ein Gnadenjahr des Schöpfers auszurufen.

Aus: Lukas 4,18–19

☧

Impulse

Das Ziel Jesu ist ein konsequent aufrechtes Leben. Er möchte mithelfen, die ursprüngliche Rechtsordnung des göttlichen Schöpfers wiederherzustellen. Es geht ihm darum, daß Menschlichkeit für alle verwirklicht werden kann.

Göttliche Schöpferkraft leitet auch uns an, armen Mitmenschen Hilfe zu bringen. Auch wir sollen um die Befreiung von ungerecht Gefangenen und Bedrückten ringen. Es sollen auch Ausgegrenzte und Abgewertete wieder glücklich leben können.

Aufrecht leben heißt, sich gegen jede Form von Unrecht zur Wehr setzen. Sich einbringen in die Politik, damit nicht allein die Stärkeren das Sagen haben. Nicht wegsehen, wenn Mitmenschen bedrückt und verletzt werden. Dies ist die Last des Glaubens, des christlichen zumal.

Die Last des Bösen und der Gewalt

Der Mann und die Frau paarten sich,
die Frau wurde schwanger und gebar zwei Söhne,
den Schafhirten Abel und den Ackerbauern Kain.
Als der Schöpfer das Opfer des einen annahm,
das Opfer des anderen aber nicht,
da erschlug der Ackerbauer den Schafhirten.
Nun sprach der Schöpfer:
Das Blut deines Bruders schreit zu mir nach Rache.

Aus: Genesis 4,1-10

Impulse

Woher stammt das Böse in uns Menschen? Woher kommt die erschreckende Gewalt? Aus der Biologie wissen wir, daß Aggression uns zum Teil angeboren ist. Doch wie gehen wir damit um?

Als Menschen mit Vernunft und Verstand können wir unsere Aggression hemmen und kontrollieren. Wir können das Böse als solches erkennen. Und wir können ein Leben lang darum ringen, das Böse und die Gewalt unter uns zu vermindern bzw. zu vermeiden.

In diesem Text geht es um die archaische Institution der Blutrache. Aber heute wissen wir, daß Rache uns nicht aus dem Zirkel der Gewalt hinausführt. Die Alternative ist, auf Rache zu verzichten, dem Täter zu verzeihen und um das Gute und den Frieden zu ringen. Wir Menschen sind moralisch lernfähig, eine humane Kultur ist uns sehr wohl möglich.

Als der Schöpfer sah,
daß die Bosheit der Menschen groß war,
daß ihr Herz auf das Böse gerichtet war,
da reute es ihn, die Menschen geschaffen zu haben.
Er sprach: Ich will
die Menschen vom Erdboden vertilgen,
samt dem Vieh, den Würmern und den Vögeln.
Denn es reut mich, sie geschaffen zu haben.

Aus: Genesis 6,5–7

Impulse

Der Text sagt, daß Gott die Menschen als gute Wesen geschaffen habe, daß sie aber gegeneinander böse geworden seien. Deswegen wollte er diese aggressiven und zerstörerischen Wesen wieder vertilgen.

Aus der Biologie wissen wir, daß unsere Vorfahren immer aggressiv und auch destruktiv waren. Doch wir sind in einer langen kulturellen Evolution und auf dem Weg zu einer humaneren Welt. Wir haben die Roheit der Frühzeit zu einem guten Teil abgelegt. Nur hie und da bricht sie in uns wieder durch.

Wir Menschen haben die Fähigkeit, moralisch zu lernen. Wir können Aggressivität vermindern und friedlich miteinander leben. Wir sind auch liebesfähige Wesen, weil unser Schöpfer liebesfähig ist. „Liebe“ ist das große Zielbild unserer moralischen und kulturellen Evolution. Jeder einzelne sollte sich daran beteiligen.

Nach der großen Flut sprach der Schöpfer:
Ich will die Erde nicht wieder
wegen der Menschen verfluchen.
Des Menschen Herz ist zwar böse von Jugend an,
aber deswegen will ich nicht
alle Lebewesen vertilgen.
Fortan sollen Saat und Ernte,
Kälte und Hitze,
Winter und Sommer,
Tag und Nacht nicht aufhören.

Aus: Genesis 8,21-22

Impulse

Alle großen Ackerbaukulturen, die in Flußtälern entstanden sind, erzählen von großen Fluten, die ihre Siedlungen zerstörten. Aus den regelmäßigen Überflutungen wird hier ein einmaliges Ereignis, ein Schockerlebnis der Menschen.
Die Flut wird als Strafe für die menschliche Bosheit und Gewalt gedeutet. Die Menschen werden motiviert, von Aggression und Haß abzulassen, damit sich das Leben friedvoll entfalten kann.
Der Schöpfer verspricht nun den Bestand der Erde und des Himmels. Die Menschen sollen sich vor der weiteren Flut schützen können. Und sie sollen sich im Kreislauf von Aussaat und Ernte sicher und geborgen fühlen können. Der Schöpfer bekennt sich zum Leben, das er bewahren will.

Liebet nicht die Welt des Bösen.
Denn wer das Böse liebt,
in dem ist nicht die Liebe des göttlichen Schöpfers.
Denn alle bösen Begierden
der Augen und des Fleisches
stammen nicht vom göttlichen Schöpfer.
Die Welt des Bösen
mit ihren Begierden geht vorüber.
Der hat Bestand in Ewigkeit,
der den Willen des Schöpfers tut.

Aus: 1. Johannesbrief 2,15–17

Impulse
Das Böse unter den Menschen stammt nicht vom göttlichen Schöpfer, der in seinem Wesen gut ist. Es stammt von einem Gegenspieler, der aber vergänglich ist. Folglich hat das Böse keinen Bestand. Doch es bedroht zutiefst unser Leben.
Der göttliche Schöpfer hat Bestand in Ewigkeit, sein Wesen ist „Liebe“. Folglich haben auch diejenigen Menschen Bestand, die um Liebe ringen. Das Gute wird stärker sein als das Böse.
Wir Menschen leben in einer Transformation, in einer Verwandlung: vom Bösen zum Guten, vom Haß zum Frieden, von der Aggression zur Liebesfähigkeit. Dies ist die beglükkende Botschaft der frühen Christen. Und sie haben nachweisbar dazu beigetragen, mehr Liebe in die Welt zu bringen.

Die beiden Geschlechter

Der Schöpfer sprach zum Menschenmann:
Es ist nicht gut, daß der Mann allein sei,
ich will ihm eine Hilfe machen,
die ihm entspricht.
Da ließ der Schöpfer tiefen Schlaf
über den Menschenmann kommen,
und er formte aus seiner Rippe eine Menschenfrau.
Da sagte der Mann:
„Das ist Knochen von meinem Knochen
und Fleisch von meinem Fleisch."

Gen 2,18.21-23

Impulse

Das Verhältnis der Geschlechter verändert sich von Kultur zu Kultur. Hier haben wir es mit einem patriarchalen Text zu tun, er war ursprünglich ein Degradierungsmythos für die Frauen.

Männer behaupten, die Frauen seien durch einen männlichen Gott aus ihrem Körper gemacht worden. Damit degradieren sie Frauen und ihre Schutzgöttinnen, die in der Frühzeit als „Urmütter" des Lebens galten.

Nun ist dieser Text für einen Großteil der Menschheit kulturprägend geworden. Doch heute ist es dringlich, diese Degradierung der Frauen zu beenden und die volle Gleichberechtigung der Geschlechter anzustreben. Christen sollten sich im besonderen daran beteiligen.

Darum wird der Mann Vater und Mutter verlassen,
er wird zu einer Frau ziehen und bei ihr wohnen.
Beide werden sich zu einem Fleisch verbinden.
Der Mann und die Frau lebten nackt,
aber sie schämten sich nicht voreinander.

Aus: Genesis 2,24–25

Impulse

Wir erkennen hier eine Eheform, in der die Männer in die Sippe der Frauen ziehen und dort wohnen. Eheformen sind von Kultur zu Kultur verschieden. Die Ehe wird als Einswerden im Leben gedeutet.

Aus der Kulturgeschichte wissen wir, daß die Menschen in der Frühzeit unbekleidet lebten, daß sie sich im Lauf der Entwicklung durch Tierfelle vor Kälte und Hitze schützten. Gleichzeitig nahm die Behaarung ihres Körpers ab, der natürliche Schutz wurde geringer.

Sexuelle Scham wird folglich durch Kultur gelernt, sie ist uns nicht angeboren. Sie hat aber eine wichtige Schutzfunktion für beide Geschlechter. Eine Beliebigkeit in den sexuellen Beziehungen ist uns nicht möglich, wir müssen diese ordnen. Aber wir haben viele Möglichkeiten, dies auf humane Weise zu tun.

Da bildete der Schöpfer die Feldtiere
und die Vögel der Luft,
er führte sie zum Menschenmann,
damit dieser sie benenne.
Nun gab der Mann allem
Vieh, den Vögeln in der Luft
und den Wildtieren auf den Feldern
ihre Namen.
Eine geeignete Hilfe, die ihm gleich war,
fand er unter den Tieren nicht.

Aus: Genesis 2,19–20

Impulse

Der patriarchale Mythos sagt, daß nur der Menschenmann die Landtiere und die Vögel benannt habe. Wer nach alter Auffassung den Namen gab, konnte über das Benannte verfügen.

Auch der einsame Patriarch erkannte, daß ihm die Tiere keine hinreichenden Lebenspartner sein könnten. Er brauchte die Frau als Lebenshilfe und als Lebenspartnerin. Doch heute geht es uns um die volle Gleichwertigkeit der Geschlechter. Die Wirkungsgeschichte dieser Erzählung ist bis heute erkennbar.

Bis heute bestimmen weithin Männer fast allein, was in der Forschung und in der Wirtschaft mit den Tieren zu geschehen hat. Hier sind dringliche Korrekturen nötig.

Habt ihr nicht gelesen,
daß der Schöpfer die Menschen
von Anfang an
als Frau und als Mann geschaffen hat?
Er hat gesagt:
Die beiden werden ein Fleisch sein.
Also sind die beiden nicht mehr zwei,
sondern ein Fleisch.
Was der Schöpfer in der Ehe verbunden hat,
das soll der Mensch nicht trennen.

Aus: Matthäus 19,4–6

Impulse

In der Ehe bilden beide Partner eine Lebensgemeinschaft. Dies sei vom göttlichen Schöpfer so eingerichtet. Deswegen dürfen die Männer ihre Frauen nicht einseitig und aus beliebigem Grund aus der Ehe verstoßen. So war es die Lehre Jesu.

Von einer einvernehmlichen Trennung beider Partner ist hier nicht die Rede. Sie war zur Zeit Jesu auch gar nicht in Sicht. In seiner patriarchalen Kultur konnten nur Männer ihre Frauen ohne Begründung entlassen. Frauen konnten keine Trennung begehren.

Jesus will dieser unmenschlichen Praxis ein Ende setzen. Ein generelles Scheidungsverbot kann daraus nicht abgelesen werden. Wenn sich heute zwei Partner einvernehmlich trennen, weil sie nicht mehr miteinander leben können, dann ist das eine ganz andere Sachlage. Hier sollte Ehrlichkeit auch in den Kirchen Platz greifen.

Der große Weg der Weisheit

Der Weise befolgt die Gebote des Lebens,
der geschwätzige Tor aber kommt frühzeitig zu Fall.
Wer aufrecht geht und nicht lügt, kommt voran,
wer aber täuscht und Hinterhalte legt,
verursacht viele Leiden.
Wer in Offenheit den Sünder tadelt,
stiftet Frieden.
Der Mund des Gerechten ist
eine Quelle des Lebens für viele.

Aus: Sprüche 10,8–11

Impulse

Lebensweisheit ist für viele heute kein hoher Wert. Denn mit ihr kann man keine wirtschaftlichen Gewinne erzielen. Gemäß dem Zeitgeist geht es heute zu vielen um das schnelle Geld, um hohes Prestige, um Macht über andere.

Doch für unsere zwischenmenschlichen Beziehungen brauchen wir auch die Weisheit des Lebens. Das ist die gespeicherte Erfahrung vieler Menschen, die vor uns gelebt haben. Und da ist es nötig, daß wir einander nicht betrügen und nicht täuschen.

Der Widerstand gegen Unrecht und Böses ist heute sehr dringlich geworden. Allzu viele schauen weg, wenn andere verletzt werden. Der angepaßte Erfolgsmensch setzt sich kaum noch für andere ein. Uns droht eine schnelle Entsolidarisierung, eine sozial kalte Lebenswelt.

Ihr Menschen, hört auf die Weisheit,
glücklich sind jene, die ihren Wegen folgen.
Werdet klug und folgt den Ordnungen des Lebens.
Wer die Weisheit gefunden hat, der hat das Leben,
der hat das Wohlgefallen des Schöpfers.
Wer aber die Weisheit verletzt,
tut seiner Seele Gewalt an,
er geht auf den Wegen des Todes.

Aus: Sprüche 8,32–36

Impulse

Auch für uns gilt: Die verborgenen Ordnungen des Lebens entdecken. Auf unsere ursprünglichen Bedürfnisse achten. Uns von angelernten Scheinbedürfnissen befreien. Die Lebensweisheit der Vorfahren erkunden und von ihr lernen. Von fremden Kulturen lernen, wie sie das Leben gestalten. Die eigene Überheblichkeit ablegen.

Einander Schutz und Geborgenheit schenken. Auf die Bedürfnisse der Mitmenschen achten. Respekt bekommen vor jeder Lebensgeschichte. Den anderen das schenken, was wir selber dringlich nötig haben.

Die Kunst der Liebe lernen, das Geben und das Annehmen. Auf die innere Stimme hören und die eigene Personmitte finden. Das sind alte und neue Weisheiten des Lebens. Auch wir werden ohne sie nicht auskommen.

Verschließ vor dem Bedürftigen nicht deine Hand;
und sag zu keinem Armen: „Komm morgen!“,
wenn du ihm heute helfen kannst.
Streite mit keinem Menschen ohne Grund,
wenn er dir nichts Böses getan hat.
Beneide nicht die Gewalttäter,
geh nicht ihren Weg.

Aus: Sprüche 3,27–31

Impulse

Wir müssen den Armen dann helfen, wenn sie Hilfe brauchen. Niemanden auf später vertrösten, wenn er jetzt Beistand braucht. Respekt haben vor dem Leben der Niedrigen und Geringen. Das können wir einüben und lernen.

Keinen Streit beginnen, sondern Streit schlichten. Aber sich mutig einmischen, wenn einem anderen Unrecht getan wird. Nicht einfach zusehen oder wegsehen, wenn andere erniedrigt werden. Sich verantwortlich fühlen für die Schwachen und die Ungeschützten.

Den Weg der Gewalt meiden, denn er hat Gegengewalt zur Folge. Vielmehr den gewaltlosen Widerstand der Argumente gegen Übeltäter einüben. Doch sich rechtzeitig vor Gewalttätern schützen. Sich einbringen, um im Streit Frieden zu stiften.

Selig sind, die jetzt arm sind,
sie werden reich werden beim göttlichen Schöpfer.
Selig sind, die jetzt Hunger haben,
sie werden gesättigt werden.
Selig sind, die jetzt weinen,
sie werden lachen und sich freuen.

Aus: Lukas 6,20–21

☧

Impulse

Sind diese Worte Jesu eine Vertröstung auf ein besseres Jenseits? Was bleibt den Armen anderes, als auf eine bessere Zukunft zu hoffen? Dürfen die Weinenden tatsächlich hoffen, daß ihre Trauer einmal zu Ende kommt?

Dennoch müssen wir die Hungrigen jetzt speisen, wenn wir es können. Und wir müssen die Weinenden jetzt trösten, wenn sie Hilfe brauchen. Wir müssen den Armen jetzt zur Seite stehen, wenn sie bedrückt werden.

Dies ist das Gegenmodell zum Leben der stolzen „Herrenmenschen“. Es ist die große Alternative zum Lebensstil der ichverhafteten Erfolgskünstler. Dies ist der große Weg der Lebensweisheit, der allen Menschen zu einem bescheidenen Glück verhelfen will. Es ist der Weg der Nachfolge Jesu.

Der Rat der Freunde

Freunde und Gefährten
begleiten uns zur rechten Zeit,
doch mehr noch als sie
leitet uns eine verständnisvolle Frau.
Gold und Silber stützen unseren Fuß,
doch mehr als sie brauchen wir einen guten Rat.
Reichtum und Macht erheben unser Herz,
doch wichtiger ist Ehrfurcht vor dem Schöpfer.

Aus: Sirach 40,23-26

Impulse
Welche sind die Prioritäten unseres Lebens? Sind es Besitzstände und soziales Prestige? Oder sind es gute und gelingende Beziehungen zu Mitmenschen? Sind uns Partnerschaft und Freundschaft wichtige Werte, um die wir ringen?
Besitzstände mögen wichtig sein, doch sie können uns innerlich sehr arm werden lassen. Sie können uns einsam machen. Der persönliche Austausch mit guten Menschen, das Gefühl der Geborgenheit, Mitgefühl und Liebe sind viel wichtiger für unser seelisches Glück.
Die Ehrfurcht vor dem göttlichen Schöpfer und seiner Ordnung wieder lernen. Das Leben geschehen lassen und dankbar annehmen. Mit der eigenen Lebensenergie sparsam umgehen. Weise werden und mitfühlend durchs Leben gehen.

Wie lange noch, ihr Toren,
liebt ihr die Dummheit und das leere Geschwätz?
Weil ihr meinen Rat in den Wind geschlagen
und auf meine Mahnungen nicht geachtet habt,
will ich über euch lachen,
wenn ihr im Unglück seid.
Ich werde taub sein,
wenn ihr vor Ängsten zittert.
So spricht die Wahrheit.

Aus: Sprüche 1,22.25–28

Impulse

Die Weisheit des Lebens ist nicht laut und lärmend. Sie beschäftigt keine Werbeagenturen, denn sie läßt sich nicht verkaufen. Sie ist in der Stille, in der Meditation zu finden. In die eigene Personmitte gehen und in sich hineinhören. Die Tiefenschichten des eigenen Lebens spüren, seinen authentischen Wünschen und Bedürfnissen nachgehen. Diese Bedürfnisse zulassen und annehmen. Auf die Bedürfnisse der Mitmenschen sehen und eingehen.

Und so das innere Gleichgewicht finden. Die Verwurzelung in der Schöpfung suchen, um aus der Personmitte heraus zu leben. Um so ein Stück Geborgenheit zu erleben und zu geben. Auf den Lichtspuren der Weisheit tastend nach vorne gehen.

Der Unverständige schätzt seine Mitmenschen gering ein,
der Kluge und Weise aber denkt edel von ihnen.
Der Tor sagt alles weiter,
was man ihm anvertraut hat,
der Weise behält für sich,
was er vertraulich gehört hat.
Fehlt einer Stadt die Weisheit der Regierenden,
so leidet das ganze Volk.

Aus: Sprüche 11,12–14

Impulse

Wie sollen wir einander einschätzen? Sollen wir uns selber geringachten oder gar abwerten? Oder sollen wir die Mitmenschen geringachten und uns selber hoch einschätzen? In beiden Fällen können wir nicht gut miteinander umgehen. Viel besser ist es, sich selbst als wertvoll einzuschätzen; und die Mitmenschen als ebenso wertvoll anzusehen. Auf derselben Wertebene stehen, dann gelingt uns gute Kommunikation.

Oft haben wir ein negatives Selbstbild aus der Kindheit mitbekommen. Oder wir haben ein negatives Bild von den Mitmenschen. Dies können wir aber später verändern. Wir können lernen, uns selbst und die anderen zu schätzen: „Es ist gut, daß ich bin. Es ist gut, daß du bist."

Haltet Frieden untereinander,
weist die Unordentlichen zurecht.
Nehmt euch der Schwachen an
und habt miteinander viel Geduld.
Vergeltet einander nicht Böses mit Bösem,
sondern tut einander und allen Mitmenschen
viel Gutes.
Prüft alles, das Gute behaltet.
Den Lebensgeist löscht nicht aus.
Von Laster und Unrecht haltet euch fern.

Aus: 1. Thessalonicherbrief 5,14–15.21–22

☧

Impulse

Das sind Mosaiksteinchen einer alternativen Lebensordnung: Die Schwachen und Behinderten mittragen. Und mit den Langsamen viel Geduld haben. Einander offen kritisieren, wenn wir Fehler machen.

Wir tun einander Böses, oft aus Unachtsamkeit. Doch dürfen wir damit nicht den Zirkel des Bösen auslösen. Versuchen wir, das Böse nicht zurückzugeben. Um die innere Kraft der Versöhnung ringen. Ein Anstifter zum Frieden werden.

Wo uns dieses Lebensprogramm in Ansätzen gelingt, ist die göttliche Schöpfungskraft am Werk. Dann leben wir gegen den Zeitgeist, gegen die Kräfte der Zerstörung. Dann entscheiden wir uns dafür, das Leben zu wahren und zu entfalten. Gegen den Strom des Gewöhnlichen schwimmen, das ist heute unsere dringliche Aufgabe.

Die Folgen der Unwahrheit

Der Verleumder hat schon viele
zum Wanken gebracht,
er hat sie von Ort zu Ort vertrieben.
Er hat feste Städte zerstört
und Paläste eingestürzt.
Tüchtige Frauen hat er aus dem Haus verjagt
und sie um den Ertrag ihrer Mütter gebracht.
Wer auf ihn hört, findet keine Ruhe,
er kann niemals in Frieden wohnen.

Aus: Sirach 28,14–16

Impulse

Auch unter uns gehen viele mit der Wahrhaftigkeit recht großzügig um. Und bedenken nicht, welche Folgen Lügen und Unterstellungen für andere haben können. Sie machen „Andeutungen", um andere abzuwerten und selber Vorteile zu haben.

Manche sind spezialisiert auf wohldosierte Lügen, auf hinterhältige Gerüchte, die sie ausstreuen. Sie wollen damit ihre Konkurrenten ausschalten. Sie deuten Tatsachen zu ihren Gunsten um. In der Politik sind sie Spezialisten der demagogischen Rede.

Solche Personen und Gruppen rütteln an unserem Gemeinwesen. Auch vor Gericht ist es äußerst schwierig, der Wahrheit nahe zu kommen. Wir brauchen eine konsequente Erziehung zu Ehrlichkeit und Wahrhaftigkeit. Wir brauchen aufrechte Menschen als Vorbilder des Lebens. Jeder einzelne sollte damit beginnen.

Peitschenhiebe schlagen
tiefe Striemen ins Fleisch,
doch Hiebe mit der bösen Zunge
brechen uns die Knochen.
Viele sind durch das Schwert gefallen,
aber noch viel mehr sind
durch böse Zungen umgekommen.
Wohl dem, der sich
vor den Lügnern zu schützen weiß.

Aus: Sirach 28,17-19

Impulse
Das sind die bitteren Erfahrungen von Opfern, deren Leben durch Lüge und Verleumdung zerstört wurde. Wie können wir uns vor Lügnern und Betrügern schützen? Schützt uns der moderne Rechtsstaat hinreichend davor?
Viele verleugnen getanes Unrecht solange, bis sie vor Gericht überführt werden. Allzu viele leben nach dem Motto: Niemals eine böse Tat zugeben und sie nie wieder gutmachen.
Mit solchen Einstellungen wird das Zusammenleben sehr schwierig. Es werden die Grundlagen der Kommunikation tief gestört. Vielen ist jede Form von Schuldbewußtsein abhanden gekommen. Was für sie zählt, ist nur der Erfolg. Es scheint dringlich, daß wir wieder die Bildung des Gewissens lernen.

Sechs Dinge sind dem Schöpfer verhaßt
und ein Greuel:
Stolze Augen und eine falsche Zunge;
Hände, die unschuldiges Blut vergießen;
ein Herz, das finstere Pläne hegt;
Füße, die schnell dem Bösen nachlaufen;
ein falscher Zeuge, der Lügen flüstert;
ein Mensch, der unter Brüdern Streit entfacht.

Aus: Sprüche 6,16–19

Impulse
Hier werden die Defizite des zwischenmenschlichen Verhaltens zusammengefaßt, wie sie tatsächlich vorkommen. Sie gelten auch in unserer Kultur und verstoßen gegen den Auftrag des Schöpfers.
Warum kommen Menschen dazu, gegen Mitmenschen böse Pläne zu schmieden und sie auszuführen? Warum belügen und täuschen wir einander? Wie ist die Lebensgeschichte derer, die Streit auslösen und nicht zum Frieden fähig sind?
Auch wir müssen genau hinsehen, wo heute die Defizite unseres soziales Lebens liegen.
Wie können wir moralisch lernen, uns fair gegenüber den Mitmenschen zu verhalten? Und wie können wir mögliche und tatsächliche Täter von bösen Taten abhalten?

Ein guter Baum bringt keine schlechten Früchte,
jeder Baum wird an seinen Früchten erkannt.
Von Disteln sammelt man keine Feigen,
und von Dornen erntet man keine Trauben.
So bringt der gute Mensch
Gutes aus seinem Herzen hervor,
der Böse aber tut Böses aus seinem Herzen.
Wovon das Herz voll ist,
davon redet der Mund.

Aus: Lukas 6,43–45

☧

Impulse

Der Wert eines Menschenlebens ergibt sich aus seinen inneren Einstellungen und den daraus folgenden Taten. Immer sind es innere Absichten und Überzeugungen, die unser Handeln leiten. Doch die Absichten und Einstellungen allein sind zu wenig.

Nun können wir unsere Überzeugungen und Einstellungen verändern. Wir können auch im emotionalen und im sozialen Bereich etwas dazulernen. Um dieses Lernen geht es auch in der Religion: um das Erlernen von Nächstenliebe, von Mitgefühl, von Hilfsbereitschaft.

Auch wir müssen heute viele unserer negativen Einstellungen verändern. Sehen, wo wir lebensfeindlich denken und handeln. Darauf achten, wo wir Mitmenschen verletzen oder abwerten. Fortwährende Bildung des Herzens und des Gewissens. Personales Wachsen mit anderen zusammen. Das sind die Zielwerte des Glaubens.

Formen der Partnerschaft

Die Lippen einer fremden Frau
mögen triefen wie Honig,
doch zuletzt kann sie bitter sein wie Wermut ...
Halte deine Wege von ihr fern,
komm ihr nicht zu nahe.
Trink das Wasser aus deinem eigenen Brunnen,
dir allein soll diese Quelle gehören.

Aus: Sprüche 5,3–4.8.15

Impulse
In der altjüdischen Kultur stand auf sexuellen Beziehungen mit einer fremden verheirateten Frau die Todesstrafe für beide. Deswegen gibt es hier den Vergleich mit dem bitteren Wermut.
In unserer Kultur ist diese Bedrohung längst weggefallen. Trotzdem sehnen wir uns nach Dauer in unserer Partnerschaft. Auch wir wollen sexuelle und emotionale Treue, auch wenn wir diese neu zu bestimmen versuchen.
Nicht immer gelingen uns Beziehungen, allzuoft müssen wir sie beenden. Viele müssen sich neu auf die Suche begeben nach einem „Brunnen“ der Liebe, nach einer „Quelle“ der Lebendigkeit. Das ist die Last des Lebens.

Dein Brunnen sei gesegnet,
freu dich der Frau deiner Jugendtage.
Ihre Liebkosungen machen dich trunken,
ihre Liebe berauscht dich.
Wie eine Gazelle,
wie eine anmutige Gemse ist sie.
Warum willst du dich
an einer fremden Frau berauschen?
Warum willst du ihren Busen umfangen?

Aus: Sirach 5,18-20

Impulse

Den Lebenspartner können wir mit einem Brunnen vergleichen, der nicht versiegt. Seelische und körperliche Liebe schenken uns Kraft, sie machen unser Leben trunken und glücklich.

Die Kunst erlernen, mit dem eigenen Partner glücklich sein zu können. Mit den konkreten Fähigkeiten und Grenzen des Partners umgehen lernen. Die eigenen Grenzen annehmen können, nicht grenzenlos sein wollen. Nicht unrealistischen Träumen nachjagen.

Sich nicht von der Werbung verführen lassen, die uns „Traumwelten" vorspiegelt. Sich an Sinnlichkeit und erotischem Erleben freuen. Den Partner wie einen stillen Brunnen, wie eine Quelle sehen und erleben. Treue in der Partnerschaft einüben, jeden Tag neu. Das ist die Faszination der Liebe.

Hast du Söhne, erziehe sie gut
und gib ihnen Frauen in jungen Jahren.
Hast du Töchter, beschütze ihr Leben
und gib ihnen besonnene Männer.
Und verstoße niemals deine Frau …
Ehre deinen Vater, vergiß nicht
die Schmerzen deiner Mutter.
Sie haben dir das Leben geschenkt,
gib ihnen Zuneigung.

Aus: Sirach 7,23–28

Impulse

Das sind Familienbeziehungen in einer patriarchalen Kultur von Hirtennomaden und Bauern im Alten Orient. Dem Hausvater gilt die primäre Verantwortung für die Erziehung und die Heirat der Kinder.

Die Männer sollten ihre Frauen in einer patriarchalen Ehe nicht beliebig verstoßen; was ihnen rechtlich möglich war. Denn die Frauen hatten keine Möglichkeit, von sich aus eine Ehe zu beenden.

In unseren westlichen Kulturen können sich beide Partner einigen, eine Ehe zu beenden, wenn sie unerträglich geworden ist. Frauen haben die gleichen Rechte und Chancen wie Männer. Das ist eine neue Basis für gelebte Partnerschaft, die wir erst erlernen müssen.

Deshalb wird ein Mann Vater und Mutter verlassen
und sich mit einer Frau verbinden.
Und beide werden ein Fleisch sein.
Was Gott verbunden hat,
soll der Mensch nicht trennen.
Wegen eurer Herzenshärte hat Mose euch erlaubt,
eure Frauen aus beliebigem Grund zu entlassen.
Ursprünglich war es nicht so.
Wer seine Frau entläßt,
außer sie begeht Ehebruch,
der bricht ihr gegenüber die Ehe.

Aus: Matthäus 19,5-9

☧

Impulse

Jesus korrigiert ganz deutlich die patriarchale Eheform seiner Zeit: Die Männer sollen nicht einseitig und beliebig ihre Frauen entlassen können. Das sei nicht die Rechtsordnung des Schöpfers gewesen.

Dieser Spruch sagt aber gar nichts über unsere heutige Eheform, die gleichwertig und partnerschaftlich aufgebaut ist. Hier können Frauen und Männer die Trennung verlangen, wenn sie nicht mehr weiterkönnen.

Jesus sagt mit keinem Wort, daß sich zwei Menschen nicht in freiem Konsens trennen dürfen. Unsere heutige Eheform ist für ihn gar nicht in Sicht. Er schützt nur die Frauen vor der Willkür der Männer. Kirchenleitungen tun sich bis heute schwer, das zu verstehen. Das Kirchenvolk hat dies längst verstanden.

Haß und Streit unter Menschen

Der Haß hat Streit und Unfrieden zur Folge,
doch die Liebe deckt viele Verfehlungen zu.
Der Weise drängt den Mitmenschen
sein Wissen nicht auf,
doch der Mund des Toren
ist geschwätzig und ohne Zügel.
Der Gerechte verlängert sein Leben,
der Böse verkürzt es.

Aus: Sprüche 10,12.14.16

Impulse
Warum müssen wir soviel hassen und streiten? Warum gelingt es uns so schwer, friedvoll mit andern zu leben? Wir müssen in unserem Leben immer auch unsere biologischen Wurzeln bedenken. Und diese reichen weit zurück in das Tierreich. Wir Menschen neigen zu Aggression gegen Artgenossen; wie auch unsere tierischen Vorfahren. Aber wir sind nicht zu dieser Aggression verurteilt. Wir können sie kultivieren und verändern. Wir können ihre Energie für das soziale Leben nutzbar machen.
Dies macht unser Menschsein aus: Wir können auch lieben. Wir müssen nicht hassen. Auch dies gemäß unserem tierischen Erbe. Aber wir können Liebe und Mitgefühl ungleich mehr entfalten, als Tiere das können. Wir haben die Fähigkeit, uns zu versöhnen und geschwisterlich zu leben.

Die Torheit ist ohne Ruhe,
rastlos und ohne Maß,
sie sitzt auf einem Thron,
hoch über der Stadt.
Sie ruft den Vorübergehenden zu
und lädt sie ein:
„Kommt her zu mir, denn süß
schmeckt gestohlenes Wasser."
Doch im Haus der Torheit
wohnen die Geister des Todes.

Aus: Sprüche 9,13-18

Impulse
Haß und Streit sind für unser Zusammenleben eine große Torheit. Diebstahl und Lüge schädigen das soziale Leben. Auf diesen Verhaltensweisen läßt sich kein Gemeinwesen aufbauen.
Wir benötigen klare ethische Zielwerte, um Haß und Streit gering zu halten. Wir brauchen mutige und aufrechte Vorbilder, um nach Frieden und Versöhnung streben zu können. Wir brauchen Meister des Lebens, die uns in die Kunst des Liebens einführen können.
Im „Haus der Torheit" wohnen die Kräfte des Todes. Haß, Streit und Lüge enden für viele Mitmenschen wirklich tödlich. Wir können einander Leben zerstören, wenn wir nach Rache und eigenem Vorteil gieren. Allein im „Haus der Liebe" wohnen die Kräfte des Lebens.

In ihren Herzen sagen die Toren:
„Es gibt keinen Gott!"
Doch ihre Gedanken sind verdorben,
ihre Taten sind böse.
Keiner ist unter ihnen, der Gutes tut.
Werden sie je zur Einsicht kommen?

Aus: Psalm 14,1–4

Impulse

Nach altem Glauben führt der Schöpfergott die Aufsicht über das Tun der Menschen. Er sieht und belohnt die guten Taten; und er bestraft die bösen Taten. So werden die Menschen zu gutem Verhalten angeleitet.

Nun bestreiten die Gottesleugner den obersten Aufseher im Himmel. Sie glauben auch an keinen Lohn und an keine Strafe für ihr Tun. Einige sagen nun, ihnen sei alles erlaubt, was ihnen nützt. Damit stellen sie die ganze Ethik in Frage.

Heute wissen wir, daß wir Ethik auch ohne Religion begründen können und wohl auch müssen. Auch Agnostiker und Atheisten leben humane Werte, ohne an Gott zu glauben. Religiöse und Unreligiöse können entweder lebensfeindlich oder aber mitmenschlich leben. Doch beide brauchen eine starke Motivation zur Liebe. Religion hat die stärkeren Motive.

Wenn einer von euch
einen Fehltritt begeht,
dann bringt ihn im Geist der Sanftmut
wieder auf den rechten Weg.
Achtet auf euch selbst,
daß ihr nicht zum Bösen versucht werdet.
Der eine trage die Lebenslast des anderen mit,
dann werdet ihr das Gesetz
des Gesalbten Jesus erfüllen.

Aus: Galaterbrief 6,1–2

☧

Impulse

Wir alle werden immer wieder zum Bösen versucht. Wir machen Fehler, die Haß und Streit zur Folge haben können. Doch wir können unsere Fehler erkennen und ihre Folgen abschätzen. Allerdings müssen wir dabei ehrlich sein, wir dürfen uns nicht selber täuschen.

Wir müssen nicht bei unseren Fehlern bleiben, sondern wir können sie ändern. Wir können durch „Versuch und Irrtum" hindurch aus Fehlern lernen. Wir können uns gegenseitig kritisch auf Lebensdefizite aufmerksam machen.

Die große Alternative lautet: Die Lebenslast der anderen mittragen. Nicht für sich allein leben, nicht nur um sich selbst kreisen. Den Blick und die Hände öffnen für Mitmenschen. Auch kein Egoismus zu zweit, sondern der Blick für die größere Gemeinschaft. Das Lebensschicksal der nächsten Mitmenschen im Auge haben.

Die Angst vor dem Tod

Mein Lebensodem ist gebrochen,
um mich sammeln sich die Totengräber.
Der Spötter Ziel bin ich geworden,
meine Tage schwinden dahin.
In der Unterwelt werde ich wohnen
und in der Finsternis sein.
Das Grab nenne ich meinen Vater
und die Würmer meine Geschwister.
Wo bleibt für mich noch Hoffnung?
Wo ist mein Glück?

Aus: Ijob 17,1-2.13-15

Impulse
Wir alle gehen auf den Tod zu, der eine früher, der andere später. Wenn wir gesund sind, denken wir nicht daran. Doch wenn Krankheit uns betrifft, dann werden wir mit dem Sterben konfrontiert.
Wenn ein Mensch erfährt, daß er Krebs hat; oder daß er mit Aids infiziert ist. Oder wenn eine andere unheilbare Krankheit ausbricht. Wenn es keine ärztliche Hilfe mehr gibt und alle medizinische Hoffnung zu Ende kommt. Was ist dann? Dann bleibt uns nur noch kurze Zeit zu leben. Und Angst bedrückt uns. Hat mein Leben einen Sinn gehabt? Warum muß es so früh zu Ende kommen? Wo finden wir letzte Geborgenheit? Gibt es Gott, der uns aufnimmt in seine Welt?

Im Tod hören die Frevler auf mit ihrer List,
dort finden die Erschöpften Ruhe.
Im Tod rasten die Gefangenen und Geschundenen,
dort hören sie nicht mehr
die Schreie ihrer Fronvögte.
Im Tod sind Arme und Reiche gleich,
die Sklaven werden
von ihren Unterdrückern befreit.

Aus: Ijob 3,17–19

Impulse

Für manche Menschen ist der Tod eine Erlösung von unerträglichem Leiden. Für Bedrückte und Geschundene, für Verfolgte und Verfemte hört der Schmerz auf. Auch in unseren modernen Gesellschaften und demokratischen Rechtsstaaten gibt es tödliche Verfolgung.

Für körperlich Behinderte und für seelisch Kranke ist der Tod das Ende der Leiden. Menschen, die keine Erlaubnis haben, zu leben und ihr Leben zu entfalten, sehnen sich nach dem Tod.

Im Tod werden alle gleich. Das ist allen Armen und Unterdrückten ein Trost. Dann kommen die Privilegien und Reichtümer zu Ende. Auch die „Herrenmenschen" und die stolzen Sieger treten ab von der Bühne des Lebens. Das ist die letzte Weisheit des göttlichen Schöpfers.

Nackt wurde ich geboren
aus dem Schoß der Mutter,
nackt kehre ich zum Schoß
der Erde zurück.
Der Schöpfer hat mir die Güter
des Lebens gegegeben,
nun nimmt er sie wieder von mir.
Sein Name sei gepriesen.

Aus: Ijob 1,21

Impulse
Es ist gut, sich zu erinnern, daß wir nackt geboren wurden. Und genauso werden wir zur Erde zurückkehren. Unsere schönsten Prunkgewänder und Särge werden zerfallen. Nichts an Besitz und Reichtum werden wir mitnehmen können.
Nur so können wir unser Leben richtig einschätzen. Gewiß, wir dürfen uns der Güter des Lebens freuen, die der Schöpfer uns schenkt. Aber irgendwann müssen wir lernen, diese Güter wieder loszulassen und uns von ihnen zu verabschieden. Unser Herz soll nicht daran hängen bleiben.
Es hat keinen Sinn, ein Leben lang nur zu raffen und Besitz zu horten. Allzuoft geschieht dies auf Kosten anderer. Wir müssen dem Leben noch einen anderen Sinn und Zweck geben. Es ist gut, wenn wir rechtzeitig lernen, die Dinge loszulassen. Das Leben geschehen lassen, den Gang des Lebens annehmen.

Weder der Tod noch das Leben,
weder Engel noch Dämonen,
weder Gegenwart noch Zukunft,
weder Höhen noch Tiefen,
kein Geschöpf vermag uns zu trennen von der Liebe
und von der Zuwendung des göttlichen Schöpfers.
Sie hat sich uns gezeigt im Gesalbten Jesus.

Aus: Römerbrief 8,38-39

☧

Impulse

Was wird nach dem Tod sein? Werden sich unser Bewußtsein, unsere Seele und unser Geist mit dem Körper auflösen? Wird alles spurlos verschwinden, wenn wir sterben?
Oder gibt es etwas, das sich über den Tod hinaus durchhält? Bleibt etwas von unserem Leben beim göttlichen Schöpfer, das unvergänglich ist? Welche Werte meines Lebens werden über den Tod hinaus dauern?
Religiöse Menschen ringen um den Glauben, daß der Tod nicht alles zerstört. Daß der Tod nicht das Letzte ist, daß etwas bleibt von unserem Leben in der Welt des Schöpfers. Daß die Liebe bleibt und die letzte Geborgenheit. Dieser Glaube ist das Fundament der Religion.

Das große Werk des Schöpfers

Der Schöpfer sprach: „Es werde Licht!
Es werde ein Zelt zwischen
den Wassern unten und den Wassern oben.
Das Wasser unten sammle sich zu einem Meer,
und das trockene Land sammle sich zu einer Erde.“

Aus: Genesis 1,3.6.9

Impulse

Wie sind unsere Welt und der unerfaßliche Kosmos geworden? Heute deuten wir die Weltentstehung nach naturwissenschaftlichen Modellen. Wir nehmen eine „Urexplosion“ von kosmischer Energie an. Wir sprechen von chaotischen Prozessen im Kosmos, von einer Expansion der Materie.

Wir wissen viel über die Entstehung der Atome, der Teilchen, der Elemente, der Sonnensysteme. Wir kennen die Stufen der Entwicklung von Leben, im Wasser, auf der Erde, in der Luft.

Gewiß, wir können dies alles „Zufall“ nennen. Oder wir können an einen göttlichen Schöpfer glauben, der diese Prozesse ausgelöst hat; an einen Schöpfer, der die kosmischen Prozesse weiterhin begleitet. Dann erhält unser kleines Leben einen Sinn und Bedeutung. Der Zufall ist höchst unwahrscheinlich.

Der Schöpfer sprach:
„Es lasse die Erde grünes Gras sprießen,
samentragende Kräuter
und früchtetragende Bäume sollen wachsen.
Und es sollen die Fackeln
am Himmelszelt hervorkommen,
die den Tag und die Nacht scheiden.
Sie sollen Zeichen sein für die Festzeiten,
für Tage und Jahre,
sie sollen über die Erde leuchten."

Aus: Genesis 1,11.14–15

Impulse

Dieser Text wurde von jüdischen Priestern im 6. Jh. v. Chr. verfaßt. Er deutet die Entstehung der Gestirne in der Sprache seiner Zeit. Die Gestirne sollen keine göttlichen Wesen mehr sein, sondern Fackeln am Himmelszelt, die den Menschen Licht geben.

Nach dem Lauf der Gestirne werden die Kultfeste angesetzt. Und es werden Tage, Wochen und Jahre gezählt. Aus der Erde sollen Gräser, Kräuter und Bäume sprießen. Das ist die Lebenswelt früher Ackerbauern.

Das alles wird als Werk eines göttlichen Schöpfers gesehen. Und die Menschen sind dankbar für diese ihre Welt, in der sie leben. Sie fühlen sich „zu Hause" in ihr und geborgen. Ihre Welt und ihr Leben sind gut, sie freuen sich des Daseins.

Der Schöpfer sprach:
„Es sollen sich die Wasser
mit lebenden Wesen füllen,
am Himmelszelt sollen die Vögel
über die Erde fliegen."
Dann schuf der Schöpfer die Meerestiere
und die Vögel,
und er segnete sie:
„Seid fruchtbar, mehret euch,
erfüllt das Wasser.
Die Vögel sollen sich
über die ganze Erde ausbreiten".

Aus: Genesis 1,20–22

Impulse

Aus dem Wasser entstanden alle Lebewesen, das erkennen wir auch aus der Biologie. Und der Luftraum erfüllte sich mit Leben. Alle Lebewesen sollen sich vermehren, sie werden vom göttlichen Schöpfer feierlich gesegnet.

Damit wird gesagt: Das Leben ist gut, in seiner Gesamtheit. Es hat einen Sinn und folgt einem Plan. Nichts im Dasein ist Zufall und ohne Sinn. Es gibt eine „gütige Hand", die die ganze Schöpfung lenkt und leitet.

Das Leben erhält einen göttlichen Auftrag, sich zu mehren und die Räume zu erfüllen. Die Menschen wissen sich verwandt mit allem Lebendigen. Sie haben Ehrfurcht vor der Schöpfung und ihren Mitgeschöpfen. Sie fühlen sich in dieser Welt zu Hause.

Schaut auf die Vögel des Himmels:
Sie säen nicht, sie ernten nicht,
sie sammeln keine Vorräte in Scheunen.
Doch der göttliche Schöpfer ernährt sie.
Seid ihr nicht viel mehr wert
als die Vögel des Himmels?
Könnt ihr mit euren Sorgen
euer Leben um eine Elle verlängern?

Aus: Matthäus 6,26–27

Impulse

Auch Jesus wirbt für dieses Vertrauen in den göttlichen Schöpfer. Auch er betrachtet die Vögel des Himmels, die genug Nahrung finden; die keine Vorräte sammeln und keine Schätze horten müssen.

Ähnlich sollen Menschen sich auf den göttlichen „Vater“ verlassen. Auch sie sollen nicht nur horten und sammeln, sondern primär leben und das Leben mit anderen entfalten. Und sie sollen lernen, über das Leben in seiner Vielfalt zu staunen.

Dieses Staunen soll sich mit Dankbarkeit verbinden, damit wir allen Lebewesen mit Ehrfurcht begegnen. Die Menschen sollen sich geborgen fühlen in dieser Welt. Und sie sollen sich nicht als Herren und Beherrscher des Lebens aufspielen. Denn dieses bleibt uns im letzten unverfügbar.

Die große Alternative

Wein und Künste erfreuen unser Herz,
doch wichtiger als beide ist die Liebe zur Weisheit.
Die Flöte und die Harfe verschönern unsere Lieder,
doch wertvoller als beide ist eine reine Stimme.
Anmut und Schönheit von Menschen
entzücken unser Auge,
doch schöner noch sind die Blumen des Feldes.

Aus: Sirach 40,20–22

Impulse

Wichtiger als alle Genüsse des Körpers sind für uns gelingende und gute Beziehungen zu Mitmenschen. Nach ihnen suchen wir ein Leben lang. Das ist unsere ungestillte Sehnsucht nach Freundschaft und Geborgenheit.

Wichtiger als die schönste Musik ist ein reines Herz, das ohne Schuld ist. Wenn wir andere nicht durch Unrecht verletzen, können unsere Beziehungen zu ihnen gut gelingen.

Die Blumen des Feldes verweisen auf das Werk des Schöpfers. Auch die Schönheit der Mitmenschen und des eigenen Körpers können uns auf den Schöpfer verweisen. Dann wird unser Herz dankbar und weit, unser Leben wird tief und gelassen.

Wenn Übeltäter dich verleiten wollen,
dann willige nicht ein.
Wenn sie anderen Menschen
Schlingen auslegen und Fallen stellen,
dann beteilige dich nicht an solchem Frevel.
Von solchen Übeltaten ziehe deine Hand zurück,
denn mit ihren Netzen und Schlingen
gefährden sie ihr eigenes Leben.

Aus: Sprüche 1,10–11.15–16

Impulse

Wer möchte heute nicht schnell zu Besitz und Reichtum, zu Macht und Ansehen gelangen? Die Angebote sind verlockend, den Reichtum zu vermehren. Viele tun es mit unlauteren Methoden. Viele erliegen solchen Verlockungen.

Doch wer seinen Mitmenschen Fallen stellt, mißachtet deren Leben. Der schätzt auch sich selbst nicht hoch ein. So ist die Zerstörung fremden Lebens oft verbunden mit subtiler Selbstzerstörung. Doch wie können wir uns davor schützen?

Wer anderen Unrecht tut, ist nicht im Gleichgewicht. Er kann seine authentischen Bedürfnisse nicht befriedigen. Und er hat keine Ehrfurcht vor fremdem Leben. Doch wir tragen Verantwortung füreinander. Daher ist es wichtig, daß wir im inneren Gleichgewicht leben.

Die Zungen der Lügner
sind wie Schwerter und Lanzen,
doch der Mund der Weisen bringt Heilung und Trost.
Die Böses tun, sind im Herzen
voll Haß und Verbitterung,
doch die Gutes tun,
haben Lebensfreude und Mitgefühl.
Der Kummer im Herzen drückt unser Leben nieder,
doch ein gutes Wort
vermag den Bedrückten aufzurichten.

Aus: Sprüche 12,18.20.25

Impulse

Immerzu gibt es um uns auch hassende und aggressive Mitmenschen. Es gibt die Lügner und Verleumder. Und immerzu rächen sich Menschen für Verletzungen, die sie selber einmal erfahren haben. Wie ein schauriger Zirkel geht die böse Tat in ihnen weiter.

Wir wissen heute viel über diese Zusammenhänge. Doch wie können wir diesen Zirkel der bösen Tat unterbrechen? Wie können wir Mitmenschen vor seelischen und körperlichen Verletzungen schützen? Und wie können wir solche Verletzungen heilen?

Wir arbeiten heute viel mit seelischen und körperlichen Therapien. Doch gleichzeitig scheinen die Verletzungen zuzunehmen, der Kinder und Jugendlichen etwa. Wir alle sollten mehr als bisher unsere heilenden Fähigkeiten in die Gemeinschaft einbringen. Wir sollten vorbeugen, daß Verletzungen nicht geschehen.

Paßt euch nicht dieser Weltzeit an,
sondern erneuert euer Denken und Leben.
Prüft, was der Wille des göttlichen Schöpfers ist,
tut das Gute, das Wohlgefällige, das Vollkommene.
Keiner soll maßlos über sich denken,
bescheidet euch mit eurer Begabung.

Aus: Römerbrief 12,2–3

☧

Impulse

Im ethischen Verhalten wollen sich die frühen Christen von ihrer Umwelt deutlich absetzen. Sie wollen auf Rache verzichten, ihre Versprechungen einhalten. Sie wollen nicht dem Recht der Stärkeren folgen, sondern die Schwächeren aufwerten.

Dazu ist die Erneuerung des bisherigen Denkens und Wertens nötig. Es geht um Mitmenschlichkeit für alle, um die Gleichwertigkeit aller vor dem Schöpfer. Es geht um Verzicht auf Gewaltanwendung, um Hilfe für die Armen, um gegenseitiges Verzeihen, um die Kunst der Versöhnung.

Jeder soll seine mitmenschliche Begabung entfalten. Doch jeder soll auch um seine Grenzen wissen. Keiner soll nur für sich selbst leben. Diese Weisheit wird zu einem „Baum des Lebens“, sie gilt zu jeder Zeit und in jeder Kultur.

In Not und Verzweiflung

Warum bin ich nicht im Mutterschoß gestorben?
Warum wurde ich geboren?
Warum kamen mir Knie und Brüste entgegen,
daß ich daran sog?
Dann läge ich jetzt still und hätte Ruhe und Frieden.
Wie eine verscharrte Fehlgeburt wäre ich,
wie ein Kind, das nie das Licht geschaut hat.

Aus: Ijob 3,11-13.16

Impulse

In Situationen der Not und Verzweiflung stellt sich für viele Menschen die Frage, ob es nicht besser wäre, gar nicht zu leben. Leiden und Schmerz können uns gänzlich zu Boden drücken.

Viele wissen im Leben nicht mehr weiter, sie landen in ausweglosen Situationen. Zu viele werden von der Härte ihrer Mitmenschen in den frühen Tod, in den Selbstmord getrieben.

Wir mühen uns heute, gefährdeten Mitmenschen rechtzeitig Hilfe zu geben. Wir tun einiges, um Selbstmord zu verhindern. Nicht wenige finden in der Religion einen Halt, der sie härteste Situationen ertragen läßt. Doch wir müssen unsere Augen auftun, um Verzweifelten rechtzeitig zu helfen.

Das Seufzen ist mein Brot geworden,
wie Wasser strömen meine Klagen.
Wovor ich bangte, das kam über mich.
Und was ich befürchtete,
hat mich voll getroffen.
Ich finde keine Ruhe und keinen Frieden,
so schwer lastet das Unheil auf mir.

Aus: Ijob 3,24–26

Impulse

Der vom Leiden betroffene Ijob klagt vor seinen Freunden seinen Schmerz. Er ist sich keiner Schuld bewußt. Warum wird er so hart bestraft? Auch seine Freunde wissen es nicht. Woher kommt das Leiden und das Böse, das uns trifft? Wie kann ein guter Schöpfer unter Menschen Konzentrationslager und Völkermorde zulassen? Warum sterben junge Menschen an Krebs?

Diese Fragen bedrängen uns seit jeher, wir wissen keine Antwort. Es gibt Leid, das wir Menschen einander antun. Aber es gibt auch viel Leid, das ohne unser Zutun entsteht. Können wir trotzdem bei einem göttlichen Schöpfer Trost und Geborgenheit finden? Kennt Gott allein die Antwort auf unsere Fragen?

Warum müssen die Leidbeladenen leben?
Warum müssen die Verzweifelten existieren?
Sie warten auf den Tod, der doch nicht kommt;
sie suchen ihn, wie einen verborgenen Schatz.
Über ihr eigenes Grab würden sie sich freuen,
von allen Seiten eingekreist
sehen sie keinen Weg mehr.

Aus: Ijob 3,20–23

Impulse

Viele Leidende möchten lieber sterben, als täglich unsagbare Qualen zu ertragen. Alte Menschen sehnen sich oft nach dem Tod und können nicht sterben. Ausgebeutete sehen in ihrem Leben keinen Sinn mehr.

Doch bleibt uns zumeist noch ein kleiner Funken an Lebenskraft und an Überlebenswillen. Daran müssen wir denken, wenn heute über Euthanasie geredet wird. Zumeist ist der Wunsch nach dem Tod verbunden mit dem Wunsch nach Leben.

Wir alle wünschen uns einen guten und friedlichen Tod. Wir wollen unsere Schmerzen lindern und erträglich machen. Und wir können einander begleiten, wenn wir auf das Sterben zugehen. Wir können einander in Mitgefühl und Ruhe zur Seite stehen. Die Kunst des Loslassens rechtzeitig lernen.

Jesus sprach am Ölberg:
„Meine Seele ist zu Tode betrübt.
Bleibt hier und wachet.
Vater, wenn es möglich ist,
laß diesen Kelch des Leidens
an mir vorübergehen.
Doch nicht mein Wille,
sondern dein Wille geschehe."

Aus: Matthäus 26,38-39

☧

Impulse

Jesus ringt am Ölberg mit dem Schrecken des Todes. Er nimmt sein Schicksal nicht sofort an, sondern bittet den göttlichen Schöpfer, den Kelch des Leidens an ihm vorübergehen zu lassen.

Doch schließlich willigt er ein in das Notwendige und Ausweglose. Er überläßt sich dem Willen des göttlichen Schöpfers, den er „Vater" nennt. Er gibt schließlich seinen eigenen Willen auf.

Das ist auch unser Weg in den Tod: zuerst Protest und Verweigerung, dann Verhandeln mit dem Schicksal, zuletzt die Annahme des Ausweglosen. Und darin die Suche nach einer letzten Geborgenheit, in der Welt des Schöpfers. Bei ihm ist alles aufgehoben, nichts war ohne Sinn und Bedeutung.

Die Rolle der Frauen

Wer findet eine tüchtige Frau?
Ihr Wert geht über alle Schätze.
Ihr Mann vertraut auf sie,
so fehlt es ihr nicht an Gewinn.
Sie tut ihm Gutes alle Tage
und meidet das Böse.
Sie sieht sich um nach Flachs und Wolle
und beschafft für das Haus,
was ihr gefällt.

Aus: Sprüche 31,10–13

Impulse
Wir leben nur mehr zum Teil in einer patriarchalen Kultur. Doch wir streben die volle Gleichberechtigung der Geschlechter an. So schreitet die Emanzipation der Frauen aus den alten Rollen fort.
Der Text beschreibt das Leben einer wohlhabenden Ehefrau in hellenistischer Zeit. Sie treibt eigenständig Wirtschaft und versorgt einen großen Haushalt aus Kindern, Gesinde und Sklaven.
Der Mann schätzt sie wegen ihrer Tüchtigkeit. So bleibt ihm genügend Zeit, um in der Politik der Stadt bzw. des Dorfes tätig zu sein. Heute haben Frauen ungleich mehr Möglichkeiten, ihr Leben zu entfalten.

Eine weise Frau tut ihren Mund auf
und gibt freundliche Weisung.
Sie überwacht die Arbeit im Haus
und ist selbst nicht untätig.
Ihre Söhne sind stolz auf sie
und ihr Mann rühmt sie vor allen.
An Weisheit und Tüchtigkeit übertrifft sie viele.
Anmut und Schönheit sind vergänglich,
doch die Weisheit des Herzens
und der Seele bleibt.

Aus: Sprüche 31,26-30

Impulse

Die kluge Frau aus der sozialen Oberschicht der jüdischen Kultur gibt Weisungen an das Gesinde. Sie leitet die Arbeit im Haus und beteiligt sich daran selbst. Ihre Rolle im Haus ist führend.

Anmut und Schönheit sind für beide Geschlechter vergänglich. Was in einem Leben aber Bestand hat, ist die innere Einsicht, die Weisheit des Herzens. Sie trägt eine gelingende Partnerbeziehung.

Wir müssen uns weiterhin anstrengen, Frauen in unserer Kultur aufzuwerten und ihnen die gleichen Chancen wie Männern zu geben. Nur auf der Basis von Gleichwertigkeit, nicht von Gleichheit, sind uns gute Partnerbeziehungen möglich. Liebe ist mit Dominanz einfach nicht verträglich.

Eine tüchtige Frau
gleicht den Handelsschiffen.
Von weit her holt sie
die Nahrung für ihr Haus,
früh am Morgen gibt sie
ihren Mägden zu essen.
Sie erwirbt Felder
und pflanzt Weinberge,
sie gürtet sich mit Kraft
und strengt ihre Arme an.

Aus: Sprüche 31,14–17

Impulse

Die tüchtige Frau aus der jüdischen Oberschicht läßt von weit her Nahrung für ihren großen Haushalt bringen. Sie bereitet das Essen für ihr Gesinde, sie leitet also die ganze Hauswirtschaft.

Sie kann selbständig Geschäfte machen, Felder kaufen und Weinberge anlegen. Sie hat Besitz, unabhängig von ihrem Mann. Und sie arbeitet selbst mit der Kraft ihrer Arme.

Das ist die wirtschaftliche Emanzipation der Oberschichtfrauen in Israel, sie hat sich wohl erst unter hellenistischem Einfluß entwickelt. Doch in der Religion und in den Gesetzen bleibt die Frau dem Mann unterstellt. Männer schreiben die patriarchale Rechtsordnung fest, in der Religion bis in die Gegenwart.

Ihr Frauen, ordnet euch euren Männern unter,
so wie es sich in unserer Lebensform geziemt.
Ihr Männer, liebt eure Frauen
und seid nicht unmenschlich gegen sie.
Ihr Kinder, seid euren Eltern gehorsam.
Ihr Väter, seid nicht böse zu euren Kindern.

Aus: Kolosserbrief 3,18–21

☧

Impulse

Die frühen Christen tradieren eine rein patriarchale Hausordnung aus der römischen Spätantike, die jede Emanzipation von Frauen behindert. Hier zeigt sich, daß „heilige Bücher“ kulturelle Entwicklungen nachhaltig aufhalten können. Auch dies bis in die Gegenwart.

Dieses Schema der altrömischen Hausordnung ist heute längst nicht mehr akzeptabel. Sie verletzt nämlich die göttliche Schöpfungsordnung, nach der beide Geschlechter gleichwertig sind und vor Gott dieselben Rechte und Pflichten haben.

Um diese Gleichwertigkeit müssen wir auch in unserer Kultur weiterhin ringen. Volle Liebe ist nur auf ihrer Basis möglich. Männer sollen lernen, Frauen nicht zu dominieren oder abzuwerten, sondern als gleichwertige Partnerinnen zu sehen. Und zwar in allen Lebensbereichen, auch in der Religion und in den Kirchen.

Göttliche Welt und Menschenwelt

Als der Schöpfer die Menschen schuf,
machte er sie sich selbst ähnlich.
Als Mann und als Frau schuf er sie,
er segnete sie
und gab ihnen den Namen: Mensch.

Aus: Genesis 5,1–2

Impulse
Die frühen Völker glaubten an viele Schutzgötter, die über sie bestimmten. Erst später erkannten sie, daß nur ein göttliches Wesen existiert. Und sie sahen sich selbst als Abbild des göttlichen Schöpfers.
Wir Menschen sind Gott ähnlich, durch unsere Intelligenz, durch unseren freien Willen, durch unsere Sensibilität. Wir sind deswegen personale Wesen, weil der göttliche Schöpfer die „Urperson“ ist.
Beide Geschlechter bilden Gott ab, Männer und Frauen. Also muß Gott männlich und weiblich sein! Patriarchale Religionen tun sich schwer, dies in ihren heiligen Texten zu begreifen. Vor Gott aber gibt es keine Dominanz eines Geschlechts über das andere. Jede Form von Patriarchat ist Sünde gegen den Schöpfer, ist eine strukturelle Schuld der Männer.

Als die Menschen sich vermehrten
und ihnen Töchter geboren wurden,
da sahen die Gottessöhne,
daß die Menschentöchter gut zu ihnen paßten.
Sie nahmen sich Menschenfrauen,
die ihnen gefielen.
Da sprach der Schöpfer:
„Meine Schöpferkraft
soll nicht in den Menschen ewig mächtig sein.
Denn sie sind Fleisch und ihre Lebenszeit
soll höchstens 120 Jahre sein.“

Aus: Genesis 6,1–3

Impulse

In den frühen Erzählungen der menschlichen Kultur sind die Schutzgötter der Menschen weiblich und männlich. Und sie zeugen Kinder, wie die Menschen selbst. Sie sind aber ungleich größer, stärker und lichtvoller als die Menschen. Aufgrund ihrer Ähnlichkeit verbinden sich Göttersöhne und Menschenfrauen. Bis ein einziger Gott dies verbietet, damit seine Lebenskraft nicht gleichwertig in den Menschen sei. Fortan wird die Lebenszeit der Menschen begrenzt.
Auch hier haben wir die Vision von einer schönen Zeit des Anfangs, wo das Leben der Menschen länger war. Wo mehr Schöpferkraft in ihnen war, wo sie mit den Schutzgöttern verkehrten. Deutlich wird Göttliches und Menschliches voneinander abgegrenzt. Gott wird ein transzendentes Wesen, bei dem wir geborgen sind, als Frauen und als Männer.

Als die Gottessöhne sich
mit den Menschenfrauen paarten,
da wurden ihnen Nachkommen geboren,
die Nephilim.
Das sind die berühmten Helden der Vorzeit,
die lange lebten.

Aus: Genesis 6,4

Impulse

Aufgrund der Ähnlichkeit paaren sich die Gottessöhne mit den Menschenfrauen. Ihre Nachkommen sind die Kriegshelden der Vorzeit. In dieser Erzählung werden die Helden der Frühzeit in die Welt der Götter erhoben. Diese Texte der Bibel sind erstaunlich.

In der Frühzeit waren Göttliches und Menschliches näher beisammen. Dann ist es weiter auseinandergerückt, Himmel und Erde haben sich getrennt. Doch ist in dem Menschen Göttliches geblieben, in beiden Geschlechtern.

Wir können uns den göttlichen Schöpfer menschenähnlich vorstellen. Und wir können eine persönliche Beziehung zu ihm suchen und entfalten. Doch er ist ungleich größer und stärker, als wir uns vorstellen können. Im letzten bleibt er uns unbegreiflich.

Ihr habt nicht den Geist der Knechtschaft
und der Furcht empfangen,
sondern den Geist der Sohnschaft.
Wir dürfen zum göttlichen Schöpfer rufen:
„Abba, Vater."
Der Geist des Schöpfers bezeugt es unserem Geist,
daß wir Kinder Gottes sind.
Wenn wir aber Kinder sind,
dann sind wir auch Erben.

Aus: Römerbrief 8,15-17

☧

Impulse

Die frühen Christen erinnern sich wieder an ihr Kindsein vor Gott. Jesus hatte sie gelehrt, den göttlichen Schöpfer als „Vater" anzusprechen und sich als seine Söhne und Töchter zu fühlen.

Das ist eine neue Lebensqualität, sich als Kind des Schöpfers zu fühlen. Das schafft Geborgenheit und eine Motivation zur Liebe. Jesus ist der erste und exemplarische „Sohn" des Schöpfers.

Christen ringen um dieses Kindsein vor Gott. Sie verstehen sich als Erben der göttlichen Wirklichkeit; dann nämlich, wenn ihnen das Experiment der Liebe gelingt. Als Liebende holen sie göttliche Wirklichkeit in die Welt herein. Das Göttliche rückt wieder näher zum Menschlichen.

Die Grenzen des Reichtums

Wer das Geld liebt,
bekommt nie genug davon.
Wer den Überfluß hortet, wird nie satt.
Dem Reichen raubt sein voller Bauch
den guten Schlaf.
Doch auch sein Besitz vergeht.
Nackt wird er sterben,
wie er aus dem Schoß der Mutter kam.
Nichts von seinen Gütern
kann er mitnehmen in den Tod.

Aus: Kohelet 5,9-14

Impulse

In unserer Wirtschaft sind Erfolg und Gewinn wichtig geworden. Freie Marktwirtschaft ist das bisher erfolgreichste System der Lebensgestaltung. Momentan sehen wir dazu fast keine Alternative.

Doch für die zwischenmenschlichen Beziehungen reicht die Orientierung an Geld und Besitz nicht aus. Da ist sie extrem störend. Wir brauchen auch die soziale Dimension, den persönlichen Austausch mit Mitmenschen.

Das Wissen um die Grenzen des Reichtums muß uns aufgehen. Unser Leben muß woanders aufruhen, nämlich bei Mitmenschen und beim göttlichen Schöpfer. Wir benötigen starke moralische Werte, um unserem Leben Sinn zu geben.

Säe nicht in die Furchen des Unrechts,
damit du nicht Gewalt erntest.
Begehre kein Richteramt,
wenn dir der Mut fehlt,
dem Unrecht Einhalt zu gebieten.
Tue nichts Böses und wiederhole nicht
deine alten Fehler.
Sinne nicht nach Unrecht gegen deine Gefährten.
Blicke nicht geringschätzig
auf Erniedrigte und Verbitterte.
Überschätze dich nicht selbst,
sondern erkenne deine Grenzen.

Aus: Sirach 7,3.6–8.11.14

Impulse

Durch Unrecht können wir wohl unseren Reichtum vermehren. Und wir können auch unser Gewissen zum Schweigen bringen. Dann aber herrscht das Recht der Stärkeren im Leben, die Schwächeren bleiben auf der Strecke.

Doch damit können wir nicht gut zusammen leben. Wir müssen also die Folgen von Unrecht sehen lernen. Wir müssen das Böse beim Namen nennen und unsere Fehler erkennen, um aus ihnen zu lernen.

Nur aufrechte Menschen sollten in der Politik tätig sein. Nur sie können gegen Unrecht auftreten. Den Opfern des Unrechts zu Hilfe kommen und das Recht wieder herstellen. Ringen um soziale Gerechtigkeit für alle. Politiker sollen aufrechte Menschen werden, durch ihre Tätigkeit, die sie stellvertretend ausüben.

Der Besitz ist gut,
wenn keine Schuld an ihm klebt.
Schlimm ist die Armut,
die aus Übermut entstanden ist.
Wohl dem Menschen,
der sich selbst nicht tadeln muß.
Wer mit sich selbst geizt,
sammelt für einen anderen.
Wie kann der Gutes tun,
der sich selbst nichts gönnt?
Er wird seinem Glück nicht begegnen.

Aus: Sirach 13,24; 14,2-5

Impulse

Rechtmäßig erworbener Besitz wird als gut bewertet. Doch sollte Besitz ein sozial verträgliches Maß nicht übersteigen. Auch große Besitzanhäufung kann rechtmäßig sein, wenn die Gesetze entsprechend sind. Doch entspricht sie den humanen Grundwerten?

Ist der Wohlstand unserer Kultur angesichts der Armut ganzer Kontinente moralisch vertretbar? Können wir die sozialen Pflichten unseres Wohlstandes überhaupt noch erkennen? Vermögen wir uns noch richtig einzuschätzen?

Der Geizige hortet Güter, die er abgeben muß. Er hat keine Erlaubnis, das Leben zu genießen und mit anderen zu teilen. Doch wir können solche Defizite unseres Lebens verändern, Tag für Tag. Der Geizige muß nicht geizig bleiben.

Wer reich werden will,
gerät in viele Versuchungen und Schlingen.
Er verfällt in sinnlose Begierden,
die ihn ins Verderben und in den
Untergang stürzen.
Gierige Habsucht ist die Wurzel
aller Übel.
Viele, die ihr verfallen sind,
sind vom rechten Weg abgeirrt
und haben sich Qualen bereitet.

Aus: 1. Timotheusbrief 6,9-10

☧

Impulse

Die frühen Christen erkennen: Wer sich primär an Besitz und Reichtum orientiert, muß viele soziale Werte fallen lassen. Für ihn sind fast alle Mittel erlaubt, um zum Ziel zu kommen.

Doch wie ist die moralische und soziale Lebensqualität solcher Personen? Gelingen ihre zwischenmenschlichen Beziehungen, können sie einander Geborgenheit geben? Oder ist ihre Lebenswelt des Überflusses eiskalt geworden?

Wir wissen um die seelischen Defizite raffgieriger Mitmenschen. Sie stören das soziale Leben, wir müssen uns vor ihnen schützen. Können wir sie auf ihre menschlichen Defizite aufmerksam machen? Sonst wird unsere Lebenswelt kalt und „winterlich". Können wir selber in Alternativen leben und unsere Welt sozial „wärmer" werden lassen?

Mitgefühl mit Leidenden

Neige dem Armen dein Ohr zu,
erwidere seinen Gruß mit Freundlichkeit.
Rette den Bedrängten vor seinen Verfolgern,
bei Gericht urteile gerecht.
Sei den Waisen wie ein Vater
und den Witwen wie ein Gatte.
Die Weisheit belehrt ihre Töchter und Söhne;
wer sie liebt, gewinnt das Leben.
Wer ihren Spuren folgt,
ist auf dem Weg des Schöpfers.

Aus: Sirach 4,8–13

Impulse

Die Weisheit des göttlichen Schöpfers soll unser Leben leiten. Dann gelingt uns ein gutes Leben. Sie hat mit Verstand und Gefühl zu tun. Aus der klaren Einsicht kommt Mitgefühl mit allen Leidenden.

Es gibt immer Arme und Bedrängte um uns. Es gibt immerzu Verfolger und Verfolgte. Es gibt stolze Sieger und traurige Verlierer. Unter uns sind Ausgegrenzte und Verlassene.

So ist es weise und menschlich, diesen Personen zu helfen, so gut es geht. Auch wir könnten einmal arm und ausgegrenzt sein. Mitgefühl ist lernbar, es bereichert unser Leben. Wir sollten es in kleinen Schritten lernen und üben.

Versage nicht dem Bedürftigen
deine Wohltat.
Vertröste keinen auf später,
der dich jetzt bittet.
Sinne nicht Böses gegen einen
friedlichen Nachbarn.
Bringe niemand ohne Grund
vor ein Gericht.
Und beneide nie
die Gewalttätigen.

Aus: Sprüche 3,27-31

Impulse

Wie kommt jemand dazu, den Mitmenschen Böses anzutun? Wie wird einer zum Gewalttäter? Wir sagen, solche Menschen seien in ihrer frühen Lebensgeschichte verletzt worden. Wichtige Bedürfnisse seien ihnen nicht befriedigt worden.

Wenn das so ist, dann ist unsere soziale Verantwortung groß. Wir können nämlich mitwirken, daß frühe Verletzungen geheilt werden, daß Entbehrungen ausgeglichen werden. Wir können viel tun, daß es weniger Verletzungen gibt.

Wir können etwas tun, daß weniger Mitmenschen Gewalt anwenden. Wir können so leben, daß weniger ihr Herz verhärten und Böses tun. Wir sollten die Möglichkeiten zum sozialen Lernen nutzen, Tag für Tag.

Selig sind die Armen im Geist,
ihrer ist das Reich der Himmel.
Selig sind die Trauernden,
sie werden getröstet werden.
Selig sind die Sanftmütigen,
sie werden das Land besitzen.
Selig sind die nach Gerechtigkeit hungern,
sie werden satt werden.
Selig sind die Barmherzigen,
sie werden Erbarmen finden.
Selig die reinen Herzen,
sie werden Gott schauen.
Selig die Friedensstifter,
sie werden Kinder Gottes heißen.

Aus: Matthäus 5,3–9

☧

Impulse

Auch hier geht es um ein anderes Lebensmodell. Nicht die stolzen Sieger sind zu preisen, nicht die hartherzigen Krieger, nicht die lachenden Gewinner. Nicht die Unterdrücker, die Lügner und die Schwindler, nicht die Kriegstreiber. Wirklich glücklich sind vielmehr die Armen, die Kleinen, die Sanftmütigen, die Gerechten, die Wahrhaftigen, die Friedfertigen. Ihr Leben hat Dauer vor dem göttlichen Schöpfer. Vergänglich ist das Glück der Sieger, der Erfolgreichen, der Schönredner. Die authentischen Bedürfnisse sind wohl für alle Menschen gleich. Wir können sie erkennen. Und wir können sie einander befriedigen.

Einer trage die Last des anderen mit,
dann werdet ihr das Gesetz
des Gesalbten Gottes erfüllen.
Wenn einer sich für groß hält,
dann täuscht er sich selbst.
Jeder prüfe sein eigenes Tun,
denn jeder hat sein Bündel an Last zu tragen.

Aus: Galaterbrief 6,2–5

Impulse

Nach diesem frühchristlichen Lebensmodell lebt keiner für sich allein. Alle sind aufeinander bezogen und tragen füreinander Verantwortung. In kleinen Gruppen ist solidarisches Leben möglich.

Jeder hat seine Lebenslast zu tragen. Aber wir können sie einander mittragen. Jeder, der mitträgt, stärkt seine eigene Lebenskraft. Das schenkt uns Geborgenheit und Liebe.

Sich selbst nicht täuschen, sein eigenes Tun regelmäßig prüfen; Gewissensbildung als Herzensbildung sehen; Nächstenliebe als Training der eigenen Lebenskraft, als dauernden Lernprozeß verstehen. Das sind die Zielvorgaben des christlichen Glaubens.

Die Last der Krankheit

Ist Frondienst nicht des Menschen Los auf Erden?
Sind unsere Tage nicht wie die des Taglöhners,
gleich einem Sklaven, der nach Schatten lechzt?
So wurde Enttäuschung mein Erbe,
Nächte voller Pein sind mein Los.
Lege ich mich nieder, so frage ich:
Wann wird es Tag?
Stehe ich auf, so sage ich:
Wann wird es Nacht?

Aus: Ijob 7,1–4

Impulse
Das Leben in frühen Kulturen war ungleich härter als heute. Es gab den Frondienst der Schuldsklaven, härteste Strafen für geringe Vergehen. Und für Krankheit und Schmerz gab es wenig Linderung, bei niedrigem Stand der Naturmedizin. Doch auch uns drückt heute Krankheit schwer nieder. Vor allem, wenn sie unheilbar erscheint. Oft sind wir von Depressionen wie gelähmt. Auch seelisches Leiden betrifft viele.
Alte Menschen fragen sich oft, wann sie sterben können. Es gibt Situationen, wo das Leben kaum noch zu ertragen ist. Wir brauchen einen starken Sinn, um solche Situationen zu bestehen. Kann Gott uns die Kraft geben?

Der Mensch, vom Weib geboren,
ist arm an Tagen.
Doch mit Sorgen
ist sein Leben reich gesättigt.
Wie eine Blume blüht er,
dann verwelkt er.
Wie ein Schatten vergeht er
und hat keinen Bestand.

Aus: Ijob 14,1–2

Impulse

Der Leidende erlebt die Vergänglichkeit besonders intensiv. Seine Tage sind voll mit Schmerzen und Sorgen. Unsere Lebenszeit eilt dahin, mit zunehmendem Alter immer schneller.

Wir sind ein Teil der Natur, verwandt mit den Blumen und den Tieren. Auch die Pflanzen blühen, tragen Früchte und verwelken. Dies ist der Lauf des Lebens, vom göttlichen Schöpfer so eingerichtet.

Es ist gut, wenn wir uns dieser Vergänglichkeit bewußt sind. Dann nutzen wir die Zeit, die uns zugeteilt ist, um unser Leben zu entfalten und Früchte zu tragen. Und wir dürfen glauben, daß etwas davon Bestand haben wird, über unser Leben hinaus.

Schon viele hast du aufgemuntert,
schlaffen Händen hast du wieder Kraft gegeben.
Dein Zuspruch hat viele Wankende
aufrecht gehalten.
Nun kommt das Unheil über dich
und du bist mutlos.
Ist nicht der Schöpfer deine Hoffnung
und dein aufrechter Weg?

Aus: Ijob 4,3-6

Impulse
Wenn wir krank sind oder auf den Tod zugehen, erinnern wir uns, wie wir andere getröstet haben. Wir denken, wie wir andere aufgerichtet haben. Warum finden wir selber so schwer Trost?
Irgendwann kommt über jeden die Krankheit, die zum Tod führt. Oder es wird einer durch einen Unfall plötzlich aus dem Leben gerufen. Es ist gut, wenn wir darauf gefaßt sind, daß unser Leben zu Ende kommt.
Wir sollten uns mühen, dem Leben rechtzeitig einen Sinn zu geben. Wir brauchen viele kleine Aufgaben und einen großen, uns tragenden Sinn. Dann gelingt es uns, auch unser Leiden und das Sterben zu ertragen. Und wir dürfen hoffen, daß der Tod nicht das Letzte sei.

Muß jemand unter euch leiden und Schmerz ertragen,
dann soll er beten.
Ist jemand unter euch krank,
dann soll er die Ältesten rufen.
Sie sollen über ihn beten
und seinen Leib mit Öl salben.
Das Gebet wird den Kranken wieder aufrichten.
Betet füreinander,
daß ihr Heilung eurer Leiden erfahret.

Aus: Jakobusbrief 5,13–16

☧

Impulse

Die frühen Christen stützten einander, wenn jemand litt oder krank war. Sie beteten für Leidende und salbten den Körper des Kranken mit geweihtem Öl. Das Salbungsritual sollte ihm seelische und körperliche Kraft geben.

Sie schenkten den Leidenden viel Zuwendung und Gemeinschaft. Sie versammelten sich um ihn und wollten seine Lebenskraft wieder wecken. Der Kranke sollte nicht allein sein mit seinem Leid.

Auch wir sollten uns heute mehr Zeit nehmen für Kranke. In unserer nächsten Nähe Kranke besuchen und ihnen zuhören. Bei ihnen sein, ihnen die Hand halten und Mitgefühl zeigen. Die heilende Kraft der Nähe erleben. Denn einmal werden wir selber dankbar sein für diesen Beistand.

Zwischenmenschliche Beziehungen

Was soll ich mit der Menge
eurer Schlachtopfer und Brandopfer?
Was soll ich mit euren Festzeiten und Feiern?
Schafft eure bösen Taten fort
und hört auf, Unrecht zu tun.
Lernt das Gute und strebt nach Gerechtigkeit.
Helft den Bedrückten und schafft den Waisen
ihr Recht,
vor allem beschützt die Witwen.

Aus: Jesaia 1,11.13.16–17

Impulse
Viele Propheten kritisieren die vielen Opfer und Festzeiten der jüdischen Priester. Sie sagen, der Schöpfergott möchte von den Menschen ein ethisch wertvolles Leben, aber nicht Tieropfer und Riten.
So wird der archaische Kult schrittweise in eine humane Ethik umgewandelt. Die Menschen sollten aufhören, einander Unrecht zu tun. Sie sollten lernen, in Gerechtigkeit und Nächstenliebe miteinander zu leben.
Konkret heißt dies: den Bedrückten helfen, die Rechtlosen schützen, den Armen zur Seite stehen. Das ist authentisches Leben im Auftrag des Schöpfers. Opfer und leere Formeln sind nur Zeichen unserer Verweigerung.

Der Tor möchte mit seinen Reden
den Mitmenschen schaden.
Doch der Weise tut alles,
um seinen Mitmenschen nützlich zu sein.
Wenn es dem Gerechten gut geht,
freut sich die ganze Stadt.
Doch niemand ist traurig,
wenn den Frevler das Glück verläßt.
Eure Stadt gedeiht durch das Handeln
der Weisen und Gerechten.
Aber sie wird bedrückt
durch die Freveltaten der Törichten.

Aus: Sprüche 11,9–11

Impulse

Wir können unsere mitmenschlichen Beziehungen so gestalten, daß sie uns befriedigen. Aber wir können einander auch abwerten, belügen und täuschen. Wir können einander zur „Hölle" werden, wie J.-P. Sartre es sagte.
Doch es gibt auch heute die aufrechten Menschen, die nach Recht und Weisheit streben. Sie tragen für andere Verantwortung. Und sie suchen nicht allein den eigenen Vorteil. Sie sind es, die eine Gemeinschaft aufrechterhalten, die Wärme und Liebe in unsere Welt bringen.
Aber immerzu gibt es die unsozialen Egozentriker, die das Zusammenleben zutiefst stören. Sie wollen auf Kosten anderer gut leben. Und sie sind nicht bereit, für andere und die Gemeinschaft etwas zu tun. Das sind die großen „Ausnützer" ihrer Mitmenschen. Unser Zeitgeist geht stark in diese Richtung. Werden wir Widerstand leisten können?

Wer zu anderen barmherzig ist,
tut sich selbst etwas Gutes.
Wer aber zu Mitmenschen hartherzig ist,
schneidet sich ins eigene Fleisch.
Der Gewinn der Frevler
ist meist nur von kurzer Dauer,
doch der Gewinn der Gerechten
hat lange Zeit Bestand.
Die Hoffnung der törichten Übeltäter
schwindet bald dahin,
doch die Erwartungen der Gerechten
werden reichlich erfüllt.

Aus: Sprüche 11,17–18.23

Impulse

Barmherzigkeit ist eine der Säulen unserer zwischenmenschlichen Beziehungen. Mitgefühl haben mit den Leidenden, mit den Schwächeren, mit den Ausgegrenzten. Einander in Notlagen helfen. Das sind die Vorgaben.

Dies ist zwar einsichtig. Doch fällt es uns schwer, danach zu leben. Wir neigen eher zum egoistischen Lebensstil, dem Zeitgeist entsprechend. Wir huldigen dem „freien Markt“, wir wollen unsere Besitzstände mehren.

Doch unser seelisches Leben kann dabei kümmern und darben. Dann nämlich, wenn unsere mitmenschlichen Beziehungen oberflächlich und dürr sind. Zum Blühen kommt unser Leben erst, wenn es uns gelingt, zu lieben und geliebt zu werden. Doch nur wenige wollen blühen. Zu viele schmükken sich mit schönem Schein.

Was nützt es dem Menschen,
wenn er behauptet, den wahren Glauben zu haben,
wenn er aber keine guten Taten
und Werke vollbringt?
Wenn ihr zu einem Hungernden sagt:
„Geh hin und iß dich satt" –
wenn ihr ihm aber nichts zu essen gebt,
was nützt das?
So ist es auch mit dem Glauben:
Wenn er keine guten Werke und Taten zur Folge hat,
so ist er tot.

Aus: Jakobusbrief 2,14–17

☧

Impulse

Allzuoft verlassen sich religiöse Menschen auf ihren wahren Glauben allein. Wenn sie alle Glaubenslehren für richtig halten, dann wissen sie sich auf dem rechten Weg. Doch die Taten der Liebe vergessen sie dabei, die sind ihnen gar nicht wichtig.
So leben religiöse Mitmenschen allzuoft herzlos und intolerant. Sie neigen dazu, Andersdenkende wegen ihres Glaubens zu verfolgen. Und sie halten dies sogar für den Auftrag ihres Glaubens. Das ist die Pervertierung des Glaubens.
Der Apostel sagt, daß ein solcher Glaube tot ist, daß dies gar kein Glaube sei. Vielmehr muß sich jede Religion in der gelebten Ethik bewähren. Schöne Formeln allein machen kein authentisches Leben. Von daher gesehen gibt es nur wenige Christen in unserer Zeit, aller Statistik zum Trotz.

Auf dem rechten und guten Weg

Liebt die Gerechtigkeit,
wenn ihr zu richten habt;
denkt an den Schöpfer
in rechter Gesinnung.
Hütet euch vor nutzlosem Gerede,
bewahrt euren Mund vor Lästerung.
Denn ein lügnerischer Mund tötet die Seele.

Aus: Weisheit 1,1.11

Impulse

Wir brauchen eine gute Rechtsordnung für unser Zusammenleben. Und wir müssen diese Ordnung auch durchsetzen, wenn wir politische Verantwortung tragen oder zu richten haben. Wir sollten uns dabei an der Ordnung der Schöpfung orientieren.

Nutzloses, leeres und falsches Gerede stört unser Zusammenleben. Jede Lüge kann einen Mitmenschen verletzen oder schädigen. Sie ist kein Kavaliersdelikt, denn sie kann Leben zerstören.

Wir sollten an die Folgen unserer falschen Aussagen und Unterstellungen denken. Auch wir möchten nicht, daß andere über uns Lügen verbreiten. Dann wird es dringlich, um Ehrlichkeit und Wahrhaftigkeit zu ringen, in allen Lebenslagen.

Wer darf hinaufziehen zum heiligen Ort?
Wer darf dort verweilen?
Wer reine Hände hat und ein reines Herz;
wer seinen Sinn nicht auf Betrug und List richtet;
wer seinem Nächsten keine Lügen schwört.

Aus: Psalm 24,3–4

Impulse

Der Zug zum heiligen Ort, zum Platz der Riten, ist allen alten Kulturen wichtig. Denn die Menschen glauben, an diesem Ort einen besonderen Zugang zum göttlichen Schöpfer zu haben. Sie möchten dort ihre Lebenskraft vermehren.

Nun sind nur Menschen mit reinen Händen und Herzen zum heiligen Ort zugelassen. Übeltäter und Lügner finden keine Erhörung beim göttlichen Schöpfer. Betrüger und Gewalttäter finden dort keine Ruhe. Denn religiöser Glaube hat zutiefst mit Moral zu tun.

Auch wir begegnen dem göttlichen Schöpfer nur, wenn wir den ethischen Regeln unseres Lebens folgen. Es gehört zur Weisheit des gelingenden Lebens, nach diesen Regeln zu leben und sie zu vertiefen. Wir können uns die Beliebigkeit der Lebenswerte nicht leisten, auch nicht in modernen Gesellschaften.

Selig die Menschen,
die Erbarmen üben und mit Freude leihen,
die wandeln nach dem Gesetz des Schöpfers.
Sie geraten nicht ins Wanken,
vor böser Kunde haben Sie keine Angst.

Aus: Psalm 112,5–7

Impulse

Wir werden leicht an konkreten Mitmenschen schuldig, wenn wir sie ausnützen. Wenn wir sie abwerten, wenn wir ihre Lebensmöglichkeiten beengen. Wenn wir ihnen Hilfe und Zuwendung verweigern. Oder gar, wenn wir sie verletzen oder bedrohen.

Auf dem schnellen Weg zu unseren Erfolgen bleiben leicht Mitmenschen auf der Strecke. Wenn sie nicht mitkönnen oder zu wenig Begabungen haben. Bei unserer Suche nach Selbstverwirklichung müssen viele andere ausweichen. Aber muß das wirklich so sein?

Gewiß, wir können immer aus unseren Fehlern lernen, wenn wir diese als solche erkennen. Aber oft ist es schwierig, Unrecht zu erkennen, das wir anderen antun. Oft merken wir gar nicht, wie egozentrisch wir leben. Die Sensibilität für Schwächere geht uns rapide verloren.

Liebt eure Feinde und Gegner.
Tut denen Gutes, die euch hassen.
Segnet diejenigen, die euch fluchen.
Und betet für eure Verleumder.
Wer dich auf die rechte Wange schlägt,
dem halte auch die linke hin.
Und wer deinen Mantel will,
dem gib auch deinen Rock.

Aus: Lukas 6,27–29

Impulse

Viele sagen, diese Gebote Jesu seien eine Überforderung für uns. Das sei nur symbolisch gemeint. Oder es sei nur für latente Masochisten und Asketen zu leben. Ist es tatsächlich so?

Doch die Grundrichtung könnte sein, den Gegner und Feind zu verstehen trachten. Zu begreifen suchen, warum er schlägt und raubt. Auf Rache verzichten und die Möglichkeiten der friedlichen Konfliktlösung suchen.

Auch dem Gegner Gutes tun, damit seine seelischen Verletzungen heilen können. Denn er wurde verletzt, sonst würde er nicht schlagen und rauben. Das erfordert wohl viel innere Lebensenergie, um die wir aber ringen sollten. Aber wir müssen uns auch hinreichend vor Gegnern schützen.

Die Schöpfung als ganze ist gut

Der Schöpfer sah alles an,
was er gemacht hatte.
Es war sehr gut.
So wurden die Erde und das Himmelszelt
mit ihrer Fülle vollendet.
Am siebenten Tag beendete der Schöpfer
sein Werk.
Dann ruhte er und segnete den siebenten Tag.

Aus: Genesis 1,31–2,3

Impulse

Können wir heute angesichts des unvorstellbaren Leidens der Menschen, auch der Tiere, diese Welt insgesamt als gut bewerten? Können wir nach dem Holocaust, nach der Shoah, nach den letzten Völkermorden von einer guten Schöpfung ausgehen?

Ist das Leben in der Tierwelt nicht weithin ein „Fressen und Gefressenwerden"? Können wir uns angesichts fortschreitender Umweltzerstörung tatsächlich geborgen und wohl fühlen in dieser Welt? Wie gehen wir mit der drohenden Überbevölkerung um?

Vielleicht bedeutet uns der Segen des Schöpfers eine Vorgabe, daß wir um das Gute ringen sollen? Eine Vorgabe, daß wir in kleinen Schritten zur Liebe fähig sind. Daß wir aus Fehlern lernen können, trotz aller Zerstörung. Diese Vorgabe sollten wir nicht vergessen.

Der Schöpfer bildete den Menschenmann
aus Lehmerde,
in seine Nase blies er den Lebensodem.
So begann der Mann zu leben.
Im Osten pflanzte der Schöpfer einen Obstgarten,
und er führte den Menschenmann in diesen Garten.
Er ließ viele Bäume mit guten Früchten
aus der Erde wachsen.

Aus: Genesis 2,7–9

Impulse

Ein alter orientalischer Mythos sieht den göttlichen Schöpfer als einen menschlichen Töpfer. Dieser hat männliches Geschlecht, er formt aus Lehm den Menschenmann. Er bläst ihm den Lebenshauch in die Nase.

Dem Menschenmann wird ein Obstgartenparadies übergeben, mit vielen guten Früchten. Das ist die Erzählung aus einer frühen patriarchalen Kultur, die bereits Fruchtbäume pflanzt und das Töpferhandwerk versteht.

Die Schöpfung ist ursprünglich gut, für den Menschen gibt es genügend Nahrung. Er kann geschützt leben und sich seines Daseins freuen. Für uns mag das heißen, wir haben Erlaubnis, unser Leben zu entfalten. Wir Menschen leben in der Gegenwart eines guten Schöpfergottes.

Der Schöpfer sprach:
Nun bringe die Erde
lebendige Wesen hervor,
gezähmtes Vieh, Würmer
und Wildtiere der Felder,
je nach ihren Arten.

Aus: Genesis 1,24–25

Impulse
Was wir heute aus der Biologie und der Naturgeschichte wissen, steht in keinem Widerspruch zum Glauben der Religion. Der Glaube sieht in der langen Evolution des Lebens das Werk des göttlichen Schöpfers.
Doch Tiere fressen sich gegenseitig auf, sie dienen sich gegenseitig zur Nahrung. Auch Menschen bekriegen sich und töten einander in großer Zahl. Ist diese Schöpfung wirklich gut? Und ist der Schöpfer ein gutes Wesen?
Oder ist er ein ambivalentes Wesen, einerseits Leben schaffend und andererseits Leben zerstörend? Die Religion glaubt, daß das Leben stärker sein wird als alles Sterben und Töten. Daß im Schöpfer die lebenspendenden Kräfte überwiegen. Daß auch wir Menschen zur Entfaltung des Lebens fähig sind. Können wir dies heute glauben?

Die Leiden der gegenwärtigen Zeit
stehen in keinem Verhältnis zur Herrlichkeit
und Größe der künftigen Zeit.
Die Schöpfung harrt ungeduldig
auf das Offenbarwerden der Kinder des Schöpfers.
Die Schöpfung wird befreit werden
von der Knechtschaft der Vergänglichkeit.
Sie wird an der Freiheit der Kinder
des Schöpfers teilhaben.

Aus: Römerbrief 8,18–21

☧

Impulse
Viele leidende Menschen wollen mit aller Kraft auf eine bessere Zukunft hoffen. Bedrückte können glauben, daß sie einmal das Glück der Freiheit erleben werden. Wir alle dürfen auf eine Vollendung beim göttlichen Schöpfer hoffen.
Die ganze Schöpfung leidet unter Zerstörung und Vergänglichkeit. Die Tiere leiden unter der Ausbeutung durch uns Menschen. Wir haben Massentierhaltung und wissenschaftliche Tierversuche. Und wir zerstören fortschreitend unsere Umwelt, zumeist ohne schlechtes Gewissen.
Was soll dann die Hoffnung auf den göttlichen Schöpfer? Doch als seine Kinder und Abbilder müssen und können wir ganz anders umgehen mit der Mitnatur und den Tieren. Dieser Text der Hoffnung ist eine moralische Vorgabe für unser Verhalten. Wir müssen uns als Kinder des Schöpfers erst würdig erweisen.

Erotische Liebe der Geschlechter

Meine Freundin, wie schön sind deine Füße
in den Sandalen,
deine Hüften sind wie Schmuck,
von Künstlern gefertigt.
Dein Nabel ist wie eine Schale voll würzigen Weines;
dein Körper ist wie ein Weizenfeld,
umrandet von Lilien.
Wie schön bist du, wie reizvoll ist die Liebe.
Deine Gestalt ist wie eine Palme,
deine Brüste sind wie Trauben.
Ich will die Palme besteigen
und von den Trauben essen;
dein Atem duftet wie Äpfel, dein Mund ist wie Wein.

Aus: Hoheslied 7,2–4.7–9

Impulse

Dieses altjüdische Liebeslied drückt die ursprüngliche Freude an Sinnlichkeit und Schönheit aus. Beide Geschlechter sind fasziniert von der Schönheit des Liebespartners, weil ihnen diese Begeisterung nicht verboten wurde.

Vor allem asketische Männer waren es dann später, die diese Freude an der Sinnlichkeit weitgehend aus der Religion vertrieben haben. Sie selbst hatten und haben bis heute keine Erlaubnis, ihre Sinnlichkeit und Erotik zu entfalten. Doch sie formen nicht allein die Inhalte der Religion.

Heute müssen wir diese Lebensfreude wieder in die Religion zurückholen. Es ist der göttliche Schöpfer selbst, der uns die Begeisterung der Liebe und die sinnliche Ekstase schenkt. Wir sollen dankbar und vorsichtig mit dieser Fähigkeit umgehen.

Nordwind, Südwind, durchströmt meinen Garten,
mein Geliebter komme
und genieße die köstlichen Früchte.
Meine Schwester Braut, ich komme in meinen Garten,
ich pflücke Myrrhe und Balsam,
ich esse Honig und Wabe,
ich trinke Wein und Milch.
Ihr Freunde, eßt und trinkt
und berauscht euch an der Liebe.

Aus: Hoheslied 4,16–5,1

Impulse

Die Liebespartner laden sich wechselseitig zur Liebe ein. Zwischen ihnen wird „Hochzeit", auch wenn sie nicht in der Ehe verbunden sind. Von der Ehe ist im ganzen Text nicht die Rede, denn Liebe hat ihr geschöpfliches Recht in sich.
Es ist die Freude am Leben, die Begeisterung an der Sinnlichkeit, die Berauschung an der Erotik. Sie wird in naturhaften Bildern ausgedrückt, denn die Liebenden wissen sich eins mit der ganzen Mitnatur.
Sie laden die Mitmenschen ein, sich ebenfalls der Liebe zu freuen. Sich an Sinnlichkeit zu berauschen und in dieser Berauschung dem göttlichen Schöpfer zu begegnen. Sie haben seine volle Erlaubnis und seine Zuwendung. Auch Erotik kann als „Gnade" des Schöpfers erfahren werden.

Präge mich wie ein Siegel
auf dein Herz und in deinen Arm.
Stark wie der Tod ist die Liebe;
stärker als die Unterwelt ist die Leidenschaft.
Ihre Brände sind wie Feuer,
wie die Flammen des Schöpfers,
auch gewaltige Wasser
können die Liebe nicht löschen,
selbst große Ströme schwemmen sie nicht fort.
Was ist der Besitz eines Hauses
gegenüber der Liebe?

Aus: Hoheslied 8,6–7

Impulse
Dies ist die Erfahrung von sinnlicher Leidenschaft und erotischer Liebe. Diese kann stärker sein als die Angst vor dem Tod. Sie kann uns fortreißen wie ein Sturm, wie tosendes Wasser.
Leidenschaft wird mit den Flammen des göttlichen Schöpfers verglichen. Selbst große Wasserfluten können die Flammen der Liebe nicht löschen. In der Liebe der Geschlechter begegnet uns die ganze Lebenskraft des Schöpfers. Er selber ist in den Flammen der sinnlichen Leidenschaft.
Diese Liebe ist ungleich mehr wert als Sachgüter und Besitztümer. Das sollten wir nicht vergessen, wenn wir nach Gewinn streben. Wichtiger sind intensive und beglückende Beziehungen zum anderen Geschlecht.

Ihr Männer, liebt eure Frauen
wie euren eigenen Leib,
denn wer seine Frau liebt,
der liebt sich selbst.
Niemand haßt seinen Leib,
jeder hegt und pflegt ihn.
Deshalb verläßt ein Mann seine Eltern
und verbindet sich mit einer Frau,
und beide werden ein Fleisch sein.
Dies ist ein großes Geheimnis.

Aus: Epheserbrief 5,28–32

☧

Impulse

In einer patriarchalen Kultur werden die Männer aufgefordert, ihre Frauen zu lieben und zu pflegen. Als Motivation dient die Liebe zum eigenen Körper und Leben.

Liebespartner werden vom göttlichen Schöpfer vereint, folglich müssen sie sich umeinander kümmern. Beiden gilt die Sorge für Seele und Körper, das Erleben von Mitgefühl und Geborgenheit.

Dies ist das Geheimnis des göttlichen Schöpfers. In der sinnlichen Liebe kommen wir seinen „Feuerflammen" am nächsten. Wir sollten uns diesen Flammen aussetzen, denn wir haben die volle Erlaubnis dazu. Auch Leidenschaft ist göttliche „Gnade", allen Lehren der Asketen zum Trotz.

Tüchtigkeit und Tapferkeit

Eine tüchtige Frau
ergreift den Spinnstock und die Spindel,
sie gibt den Armen und hilft den Bedürftigen.
Ihre Familie versorgt sie
mit Wolle und warmer Kleidung,
ihr Mann ist hoch geehrt
im Rat der Weisen.

Aus: Sprüche 31,19–23

Impulse

Tüchtigkeit und Tapferkeit gelten auch unter uns als hohe Werte. Sie bringen uns wirtschaftliche und soziale Vorteile. Doch sollen sie nicht ichsüchtig gelebt werden. Es geht dabei immer um die Gemeinschaft und um konkrete Mitmenschen.

Der Text spricht von einer Frau aus der jüdischen Oberschicht, zur hellenistischen Zeit. Sie steht einem großen Haushalt vor, in ihrer Hausgemeinschaft leben viele Menschen: Kinder, Freie und Sklaven. Sie alle werden von ihr versorgt. Die Aufgabe der Frau war das Haus, die Großfamilie.

Die Aufgabe des Mannes war die Politik, im Rat der Weisen. Die Zeit hat sich geändert. Heute trennen wir die Aufgaben nicht starr nach dem Geschlecht, sondern nach der geistigen und körperlichen Eignung.

Überstürzt erworbener Reichtum
schwindet schnell dahin,
doch maßvoll und gerecht erworbener Besitz
hat Dauer.
Eine hingehaltene Hoffnung
macht unser Herz krank,
doch ein erfülltes Verlangen
stärkt unsere Lebenskraft.
Wer den Rat der Mitmenschen verachtet,
schadet sich selbst;
wer aber deren Rat dankbar annimmt,
baut sein Haus fest.

Aus: Sprüche 13,11–13

Impulse
Wir sollen unsere Güter und Besitztümer mit Augenmaß und vor allem gerecht erwerben. Hektische Raffgier schadet unserem Leben, auch heute noch. Wir leben nicht, um zu raffen und um maximal zu genießen.
Erst wenn unsere authentischen Bedürfnisse erfüllt werden, dann wächst unsere Lebenskraft. Doch wenn sie uns lange Zeit oder dauerhaft nicht befriedigt werden, dann werden wir an Seele und Körper krank.
Auch wir sind auf den Rat von Mitmenschen angewiesen. Isoliert von anderen können wir unser Leben nicht realistisch einschätzen. Zu viele leben heute in „Traumwelten“ und halten diese für die Wirklichkeit. Wir sollten den Mitmenschen ehrlichen Rat geben, zum Vorteil für die Gemeinschaft.

Ich bin die Weisheit,
bei mir ist Klugheit und Rat,
ich gebe Einsicht, Mut und Tapferkeit.
Hochmut und böser Lebenswandel sind mir fern,
die Lügen des Mundes sind mir verhaßt.
Die mich lieben, die will ich fördern;
und die mich suchen, werden mich auch finden.
Durch mich regieren Könige und Fürsten.

Aus: Sprüche 8,12-16

Impulse

Die Weisheit des göttlichen Schöpfers sollte das Leben aller Menschen leiten. Sie kann abgelesen werden in der ganzen Schöpfung, in unserer Mitnatur, in unseren menschlichen Erfahrungen.

Alte Lebensweisheit sagt uns, wie wir gut miteinander leben können. Sie zeigt uns aber auch, was unser Zusammenleben stört und behindert. Das Glück des Lebens wird erfahrbar im Geben und im Nehmen, im Gleichmaß der Gefühle, im gegenseitigen Mitgefühl, im Austausch von Liebe.

Menschen, die in der Politik und Wirtschaft tätig sind, müssen sich besonders um diese alte und stets junge Lebensweisheit mühen. Wir sollten den Mut haben, von alten Kulturen zu lernen. Das ist gespeicherte Lebenserfahrung, die wir uns zunutze machen sollten.

Die Reichen und Besitzenden
sollen nicht hochmütig werden,
sie sollen ihre Hoffnung
nicht auf ihren Reichtum setzen.
Sie sollen an den Schöpfer denken,
der alles lenkt und schenkt.
So sollen sie Gutes tun,
um reich zu sein an guten Werken,
den Armen sollen sie großzügig geben.
Dann bauen sie auf festem Grund für ihr Leben.

Aus: 1. Timotheusbrief 6,17–19

Impulse

Auch unter uns werden Reichtum und Besitz viel zu hoch geschätzt. Manche sagen, er werde von Gott geschenkt und sei Ausdruck göttlicher „Gnade". Selbst wenn sie ihn unrecht erworben haben, denken sie so.

Die Stärkeren gestalten die wirtschaftlichen Gesetze so, daß sie schnell zu Besitz und Reichtum kommen. Sie bilden Lobbys und Cliquen, um andere auszugrenzen. Und sie nennen dies dann den „freien Wettbewerb". Mit Gleichheit der Chancen hat dies nichts zu tun.

Wir sollen erkennen, daß jeder Reichtum eine soziale Funktion hat. Reiche sind verpflichtet, einen Teil ihres Besitzes mit Armen zu teilen. Wenn wir das vergessen, geraten wir leicht in eine Gesellschaft der „Herrenmenschen". Heute macht uns ein brutaler Kapitalismus schwer zu schaffen. Haben wir Christen etwas entgegenzusetzen?

Die Beschwernis des Daseins

Da sprach der Schöpfer zur Menschenfrau:
„Die Beschwerden deiner Schwangerschaften
werden zahlreich sein,
unter Schmerzen sollst du deine Kinder gebären.
Du wirst nach dem Mann sexuelles Verlangen haben,
aber er wird über dein Leben bestimmen."

Aus: Genesis 3,16

Impulse
Unser ganzes Dasein ist mit Beschwernis behaftet, wir erleben in vielfacher Weise Leiden und Schmerz. Wir werden krank und alt, unsere Lebenskraft nimmt ab.
Die Weitergabe des Lebens ist immer mit Schmerzen verbunden; neues Leben wird aus der Erfahrung von Leid. Doch überwiegt die Freude über das junge Leben die Beschwernisse der Schwangerschaft. Unsere Lebensbedingungen sind hart, doch wir können diese Härte durch unser technisches Wissen vermindern.
In der patriarchalen Zeit dominierten die Männer über die Frauen. Dies hatte und hat immer noch unverantwortbares Leid für die Frauen zur Folge. Heute wissen wir, daß es uns allen besser geht, wenn beide Geschlechter gleichwertig miteinander leben können. Doch davon sind wir noch weit entfernt.

Der Schöpfer sprach zum Menschenmann:
„Da du auf das Weib gehört
und vom Erkenntnisbaum gegessen hast,
soll der Ackerboden auf der Erde verflucht sein.
Unter Mühsal wirst du dich nähren dein Leben lang,
Dornen und Disteln werden auf deinen Feldern wachsen.
Im Schweiß deines Gesichts wirst du dein Brot essen,
bis du zur Erde zurückkehrst, aus der du geformt wurdest.“

Aus: Genesis 3,17–19

Impulse

In den frühen Kulturen war der Kampf ums Überleben ungleich härter, als er in Wohlstandsgesellschaften ist. Für niedere und höhere Ackerbauern ist der Boden im Orient karg und schwer zu bearbeiten.

Auch für Jäger und Sammler, für Viehzüchter und Hirtennomaden war und ist das Leben schwer. Gewiß auch für uns ist die heutige Arbeitswelt mit viel Schweiß und Mühsal verbunden. Viele scheitern an den Anforderungen der modernen Technologie.

Doch Anstrengung und Mühen gehören nun einmal zu unserem Leben. Ein Dasein ohne sie wird leicht banal und gewöhnlich. Wir brauchen Aufgaben, die unsere Kräfte herausfordern. Doch sollten wir alles tun, um Arbeit gerecht zu verteilen. Und einander helfen, damit das Leben für alle erträglich wird.

Der Schöpfer vertrieb die Menschen
aus dem Obstgarten,
nun sollten sie den Erdboden
als Acker bearbeiten.
Östlich vom Garten stellte er einen Engel auf
mit dem Flammenschwert,
damit die Menschen nicht von den Früchten
des Lebensbaumes essen konnten.

Aus: Genesis 3,23–24

Impulse

Viele Völker erzählen Geschichten von glücklichen Urzeiten, wo es den Menschen besser ging. Hier ist von einem Obstgartenparadies im Osten die Rede, wo die Vorfahren des Volkes Israel einmal gesiedelt hatten.

Aus dem vermeintlichen Glück des Anfangs oder der Vorzeit wurden die Menschen vertrieben. Es ist auch die unbewußte Erinnerung an die Zeit, als die Menschen noch mehr in die Gesamtheit der Natur eingebettet waren.

Der Fortschritt der Kultur wird auch als Last empfunden, die Beschwernis des Lebens nimmt zu. Es ist wie ein Abschied aus der Kindheit, ein Weg in die harte Welt des Erwachsenseins. Gesucht wird bis heute der „Baum" des langen und gelingenden Lebens. Doch unsere Grenzen müssen wir erkennen.

Wer kann euch Böses tun,
wenn ihr euch für das Gute einsetzt?
Auch wenn ihr um eurer Gerechtigkeit willen
leiden müßt,
so seid ihr doch selig.
Fürchtet nicht die Schrecken der Gegner,
laßt euch nicht verwirren.
Denn es ist besser,
für die guten Taten Leiden auf sich zu nehmen,
statt für böse Taten bestraft zu werden.

Aus: 1. Petrusbrief 3,13–14.17

☧

Impulse

Wer sich aufrecht für das Recht der Schwächeren einsetzt, kann sich viel Leid aufhalsen. Er setzt sich der Verfolgung und der Rache von „Herrenmenschen" aus, die Schwächere unterdrücken wollen.

Das ist die Erfahrung der frühen Christen. Sie wollten Gutes tun und Gerechtigkeit erreichen. Und sind damit in viele Konflikte geraten. Doch sie haben ein starkes Vorbild für ihre Leiden: Jesus, der leidende Gottesknecht.

Auch wir sehen einen Sinn darin, für gute Taten der Gerechtigkeit Leiden und Nachteile auf uns zu nehmen. Denn dadurch wird die Lebenswelt ein Stück humaner gestaltet. Es ist besser, Unrecht zu erleiden, als Unrecht zu tun und dafür bestraft zu werden. Das war auch die Weisheit einiger Philosophen.

Weisheit als Herzensbildung

Wissen ist besser als Macht und Waffen,
die bedächtigen Worte des Weisen werden gehört.
Doch der Unwissende kann viel zerstören,
wenn er Entscheidungen treffen muß.

Aus: Kohelet 9,16–18

Impulse

Heute ist technisches Sachwissen zumeist verbunden mit Macht über andere, allzuoft auch mit Rüstung und Waffentechnologie. Wir sehen, daß unser Wissen immer ambivalent ist, daß wir es für Gutes und für Böses einsetzen können.

Auch wir sollten Wissen wieder mit Lebensweisheit verbinden lernen, mit der Bildung des moralischen Gewissens, mit Herzensbildung. Wir sollten trachten, persönlich zu wachsen und zu reifen, um verantwortlich mit Wissen umgehen zu können.

Nicht die Mängel an Wissen, vielmehr die Mängel an Moral und Ethik machen uns heute Probleme. Es ist hoch an der Zeit, daß wir wieder vermehrt um die Weisheit des Lebens ringen. Daß wir die Weisheit alter Kulturen zu schätzen beginnen, denn unsere Lebenswelt ist emotional „kalt" geworden.

Die Weisheit ist schöner als die Sonne,
sie übertrifft jedes Sternbild.
Sie strahlt heller als das Licht,
das auf die Nacht folgt.
Über diese Weisheit kann keine Bosheit siegen.

Aus: Weisheit 7,29–30

Impulse

Die Verbindung von Wissen und von Lebenserfahrung, das ist Lebensweisheit. Wir müssen die Folgen unseres Wissens moralisch bewerten. Wo uns dies gelingt, wird unser Leben von Verantwortung geprägt sein.

Wir benötigen Bildung des Herzens und der Person für das soziale Leben. Wenn unsere Beziehungen gelingen sollen, wenn wir im emotionalen Gleichgewicht sein wollen. Wir benötigen die Balance zwischen Eigennutz und gelebter Solidarität.

Wir haben heute keinen Mangel an Wissen und Technik. Aber uns fehlt es offensichtlich an Lebensweisheit, an ethischer Kultur, an der Erfahrung der Alten. Deswegen wird unsere Lebenswelt für viele eiskalt und bedrohlich. Von Wissen allein kann niemand gut leben. Das zeigten uns die Proteste der Aussteiger und die Drogenabhängigen.

Wer einen Stein hochwirft,
auf den fällt er zurück.
Wer hinterlistig zuschlägt,
verwundet sich leicht selbst.
Wer für andere eine Fallgrube gräbt,
fällt leicht hinein.
Wer anderen eine Schlinge legt,
verfängt sich selbst in ihr.
Wer Unrecht tut, auf den rollt es zurück;
und er weiß gar nicht, woher es kommt.

Aus: Sirach 27,25–27

Impulse

Alte Lebensweisheiten und Erfahrungen behalten auch in unserer modernen Welt ihre Gültigkeit. Gewiß gelten sie nicht generell, viele können ihnen entkommen. Doch sie können uns nachhaltig helfen, unser Gewissen zu formen.

Bei weitem nicht immer fällt ein Unrecht auf den Täter zurück. Und allzuoft schwelgen die Fallensteller im Erfolg. Und die Hinterhältigen rühmen sich ihrer Siege über andere. Die Steinewerfer werden belohnt.

Doch stört jedes getane Unrecht das soziale Leben, den Zusammenhalt der Gemeinschaft. Denn es werden darin Menschen verletzt und übervorteilt. Wir müssen uns schützen vor den stillen und lauten Verführern in unserer Welt. Wir kommen um die Grundwerte des Lebens nicht herum.

Ich sage euch, liebt eure Gegner
und betet für eure Verfolger.
Dann seid ihr Kinder eures Vaters im Himmel.
Er läßt seine Sonne aufgehen über Gute und Böse,
und er läßt über Gerechte und Ungerechte regnen.

Aus: Matthäus 5,44–45

☧

Impulse

Wie sollen wir mit Gegnern und Feinden umgehen? Das ist die uralte Frage der Menschheit. Wie sollen wir uns vor ihnen schützen, damit sie unser Leben nicht zerstören?

Wenn wir erlittenes Unrecht zurückgeben, geht der Zirkel der Gewalt weiter. Denn die Rache löst zumeist eine Kettenreaktion böser Taten aus. Also muß es eine Alternative geben, mit dem Gegner umzugehen.

Versuchen wir, den Gegner aus seiner feindlichen Haltung herauszuholen. Ihm Wohlwollen und Verständnis entgegenbringen, aber sich dabei schützen. Aus der Sicht des göttlichen Schöpfers handeln, der alle Menschen liebt. Das ist ein riskanter Weg, durch „Versuch und Irrtum“ hindurch. Aber wir haben keinen anderen.

Die Lust und Freude des Lebens

Mach dich auf, meine Freundin, meine Schöne,
komm!
Meine Taube, steig aus deinem Felsennest,
laß mich deinen schönen Körper sehen,
laß mich deine zarte und liebliche Stimme hören!
Mein Geliebter ist mein, und ich bin sein.

Aus: Hoheslied 2,13-16

Impulse

Viele Menschen haben subtil und versteckt noch immer leibfeindliche Einstellungen. Sie haben sie in der Erziehung oder in der frühen Kindheit mitbekommen. Sie haben nicht genügend Erlaubnis, sich an sinnlicher Lust zu freuen und Erotik zu erleben.

Solche Menschen tendieren dazu, auch anderen die Freude an der Lust zu verderben. Sie tun dies entweder, indem sie Erotik brutal vermarkten und banalisieren. Oder aber sie verbinden sinnliche Lust mit Aggressivität und Gewalt.

Doch dieses biblische Liebeslied gibt uns die unbedingte Erlaubnis, uns an Sinnlichkeit und Sexualität zu freuen. Es ist der göttliche Schöpfer, den wir gerade im Erleben von Lust abbilden. Ihm begegnen wir in den „Lichtspuren der Ekstase“. Das hat ein neues Bild von Gott zur Folge.

Mein Geliebter ist weiß und rot,
er ragt aus Zehntausenden heraus.
Sein Kopf ist wie feines Gold,
sein Haar wie Dattelrispen;
seine Augen wie badende Tauben,
seine Backen wie Balsambeete.
Seine Lippen sind wie Lilien mit fließender Myrrhe,
seine Hände wie Gold, sein Körper wie Elfenbein.
Wie Marmor sind seine Beine, wie Zedern seine Gestalt;
sein Mund träufelt von Süße und Entzücken.
Das ist mein Freund, ihr Töchter Jerusalems.

Aus: Hoheslied 5,10–16

Impulse

In unserer raffgierigen Zeit neigen viele dazu, auch die Sinnlichkeit zu vermarkten. Sie wollen mit Sexualität und Erotik viel Geld verdienen. Doch wo bleibt dabei das emotionale Erleben? Wo bleibt die Würde unseres Menschseins?

So wird für viele Sexualität etwas Gewöhnliches und Banales. Die „sexuelle Revolution" hat nicht alle Menschen glücklicher gemacht. Die postmoderne „Beliebigkeit" hat uns alte Orientierungen vergessen lassen.

Dieses Liebeslied erinnert uns an die romantischen Gefühle, die in uns sind. Es lädt uns ein, daß wir uns an der Schönheit des Körpers und der Sinnlichkeit freuen. Wir sollen Sinnlichkeit nicht mit Zwecken belasten, sondern dem göttlichen Schöpfer danken für dieses Geschenk seiner Gnade. In der erotischen Liebe dem Schöpfer begegnen.

Seine linke Hand hält meinen Kopf,
sein rechter Arm umfängt meinen Körper.
Ich beschwöre euch, ihr Frauen,
bei den Rehen der Felder:
Stört nicht die Liebe, weckt sie nicht auf,
bis es ihr gefällt.

Aus: Hoheslied 2,6–7

Impulse
Tüchtige Geschäftsleute haben gelernt, Sinnlichkeit und Erotik für wirtschaftliche Zwecke zu benutzen. Sie haben erkannt, daß mit erotischen Reizen beliebige Güter besser verkauft werden können. Die Banalisierung der Sexualität schreitet rapide fort.
Gewiß kann wirtschaftliche Werbung auch Ausdruck von Lebensfreude sein. Doch sie kann das sinnliche Erleben erheblich stören. Sie kann uns zu Gewöhnung, zu Langeweile und zu Überdruß verführen.
Vom göttlichen Schöpfer haben wir den Auftrag, uns an Sinnlichkeit zwecklos zu freuen. Daher sollten wir vorsichtig und ehrfürchtig mit Erotik umgehen. Denn in ihr finden wir die „Lichtspuren" der göttlichen Weisheit besonders deutlich. Wie Kinder können wir staunen und lieben, und das jeden Tag neu.

Die Frauen sollen in Würde
und Schamhaftigkeit leben,
sie sollen sich durch gute Sitten,
durch Ehrfucht vor dem Schöpfer
und durch gute Taten
für die Notleidenden schmücken.
Sie sollen Kinder gebären und so zum Heil gelangen.
Im Glauben und in der Liebe sollen sie verharren.

Aus: 1. Timotheusbrief 2,9–10.15

☧

Impulse

In unserer patriarchalen Kultur wurden die Frauen von den Männern allzulang abgewertet und bedrückt. Es ist gut, daß wir uns heute daran erinnern. Nur so können wir das Verhältnis der Geschlechter neu gestalten. Das ist ein mühsamer Weg.

Vor allem waren es asketische Männer, die Angst vor den Frauen hatten. Teilweise gibt es sie noch heute. Sie haben die Beziehung der Geschlechter erheblich gestört. Auch ihnen sollte geholfen werden, damit sie Erlaubnis zu entfalteter Sinnlichkeit erleben können.

Heute ist es dringlich, Frauen als den Männern gleichwertig zu sehen. Beide Geschlechter bilden den göttlichen Schöpfer ab, in ihm ist keines dominant. Beide sollen Lebensfreude mit Nächstenliebe verbinden. Sinnliche und moralische Liebe sollen sich ergänzen. Dies ist die Alternative zum Strom der Zeit, zur großen Langeweile der Übersatten.

Defizite unseres Lebens

Beneide nicht die Gewalttätigen,
geh nicht auf ihren Wegen.
Betritt nicht die Pfade der Frevler,
wende dich von ihnen ab.
Wer mit Toren verkehrt,
dem ergeht es übel.
Und wer sein Ohr vor den Schreien
der Armen verschließt,
der wird nicht erhört,
wenn er selbst um Hilfe ruft.
Wer zu hastig rennt, tritt leicht fehl.

Aus: Sprüche 3,31; 4,14; 13,20; 21,13; 19,2

Impulse

Intuitiv spüren wir die Gefahren unseres Weges. Wir ahnen die Defizite unseres Lebens. Doch wir müssen sie uns bewußt machen, um ihnen nicht zu erliegen.

Dazu gehört: Zu schnell und zu begierig nach Erfolg hasten. Andere ständig überrunden und besiegen wollen. Sich den Nöten und Bedürfnissen der anderen verschließen. Und damit an den eigenen Lebenschancen vorbeileben.

Die Alternative ist: Sich von jeder Form von Gewalt abwenden, sich den Schreien der Armen nicht verschließen. Sich nicht von törichten Schwätzern den Weg vorgeben lassen. Den stillen und den lauten Verführern nicht auf den Leim gehen. Dem Trend der Zeit und der Medien widerstehen.

Der Frevler verfängt sich in der eigenen Schuld,
die Stricke seiner Sünde halten ihn fest.
Aus Mangel an Selbstzucht
kommt er frühzeitig zu Tode,
wegen seiner großen Torheit
stürzt er ins Verderben.

Aus: Sprüche 5,22-23

Impulse

Dieser Spruch hat heute nur begrenzt Gültigkeit. Wir wissen, daß Gauner und Lügner in hohem Ansehen stehen können. Doch der Rechtsstaat macht es zumindest grundsätzlich möglich, ihre Frevel aufzudecken.

Die Unrecht tun, folgen einem inneren Lebenskonzept. Häufig ist ihnen in ihrem frühen Leben Unrecht geschehen. Oder sie sind seelisch verletzt worden. Oder es sind ihnen wichtige Bedürfnisse nicht befriedigt worden.

Wir müssen uns vor möglichen Unrechttätern schützen. Und uns gegen Unrecht deutlich zur Wehr setzen. Damit nicht andere, damit nicht wir selbst zu Opfern werden. Wir müssen gegen die Verniedlichung des Unrechts ankämpfen, gegen die „Banalität des Bösen". Damit es nicht eines Tages wieder massiv über uns hereinbricht.

Der Dumme hält sein Urteil allein für richtig,
doch der Weise hört auch auf den Rat
der Mitmenschen.
Ein kluger Mensch verbirgt sein Wissen,
doch der Tor schreit seine Dummheit heraus.
Der Leichtsinnige stiftet Streit und Zank aus Übermut.

Aus: Sprüche 12,15; 12,23; 13,10

Impulse

Viele Fachleute und Wissenschaftler neigen dazu, ihre Erkenntnisse für allein richtig zu halten. Und religiöse Menschen sind häufig überzeugt, daß ihr Glaube der allein wahre sei. So werden beide untolerant gegen andere.
Es ist nicht leicht, sich selbst zu relativieren: Zu erkennen, daß wir immer nur einen kleinen Teilbereich wissen können. Zu sehen, daß jeder religiöse Glaube relativ ist, daß kein Mensch den Schöpfer voll erkennt.
Deswegen sollten wir auf den Rat der Mitmenschen hören. Dann werden wir uns als ein Teil des Ganzen sehen können. Sich selbst nicht überschätzen. Trotzdem zur eigenen Überzeugung stehen. Gemeinsam mit anderen nach Wahrheit und Weisheit suchen.

Lebt im Geiste des göttlichen Schöpfers,
meidet die Tat des Bösen:
Meidet Lüge und unerlaubte sexuelle Beziehungen,
Ausschweifung bei Essen und Trinken,
magische Riten und die Verehrung falscher Götter.
Meidet Feindschaft und Streit, Eifersucht und Zorn,
Trunkenheit und Schlemmerei.

Aus: Galaterbrief 5,16.20

☧

Impulse

Hier werden Defizite des persönlichen und des sozialen Lebens aufgezählt. Sie wirken der Schöpferkraft Gottes entgegen. Sie haben zerstörerische Wirkung in sich, sie bauen nichts auf.

Mit ihnen stören wir das soziale Leben, oder wir schädigen unsere Gesundheit. Wir verletzen einander, wir verweigern einander die Befriedigung ursprünglicher Bedürfnisse.

Wir müssen stets von neuem diese Verfehlungen erkennen. Viele werden uns von der Werbung vorgegaukelt. Wir müssen sehen, wo wir gelingendes Leben stören, wo wir an unseren ursprünglichen Bedürfnissen vorbeileben. Aber wir können ständig aus Fehlern lernen. Auch dies ist „Gnade“ des Schöpfers.

Die Erkenntnis von Gut und Böse

Der Lebensbaum und der Erkenntnisbaum
standen in der Mitte des Obstgartens.
Der Schöpfer sprach zum Menschenmann:
„Von allen Bäumen darfst du essen,
nicht aber die Früchte des Lebensbaumes
und des Erkenntnisbaumes.
Wenn du das tust,
wird der Tod über dich kommen."

Aus: Genesis 2,9.16–17

Impulse

In dieser Erzählung vom Obstgartenparadies gibt es zwei Tabubäume. Sie sind dem göttlichen Schöpfer vorbehalten, von ihnen darf der Mensch nicht essen.

Nur der Schöpfer beansprucht unbegrenztes Leben und die Festsetzung von Gut und Böse. Es geht hier also um die Unterordnung des Geschöpfes unter seinen Schöpfer.

Kritiker haben seit langem angemerkt, daß es unmenschlich sei, wenn der Mensch nicht selbst Gut und Böse erkennen dürfe. Für uns ist es ein hoher Wert geworden, autonom zu leben und selbständig den Wert unserer Handlungen zu ermessen. Wir ringen um eine Ethik der Verantwortung, für jeden einzelnen.

Die Schlange sagte zur Menschenfrau:
„Wenn ihr vom Erkenntnisbaum eßt,
dann werdet ihr nicht sterben.
Wenn ihr eßt, werden euch die Augen aufgehen,
und ihr werdet wie die Götter sein.
Ihr werdet selbst erkennen,
was Gut und was Böse ist."
Die Frau aß von der Frucht
und sie gab dem Mann zum Essen.

Aus: Genesis 3,4–6

Impulse
Die Schlange war das heilige Tier bei den weiblich dominierten Fruchtbarkeitsriten. Sie war auch das Symbol der weiblichen „Urmütter" und der alten Göttinnen der Fruchtbarkeit.
Die männlichen Erzähler degradierten hier die Schlange zu einem bösen und dämonischen Wesen, das die Menschen zum Bösen verführt. Gleichzeitig bekämpften sie die weiblichen Riten der Fruchtbarkeit.
Fortan sagten die Männer, durch die Frauen und die Schlange sei die „Ursünde" in die Welt gekommen. Bis heute wird es so gelehrt. Für die Frauen war diese Lehre sehr negativ, sie wurden fundamental abgewertet. Heute ist es dringlich, diese Lehre zu korrigieren. Beide Geschlechter verfehlen viele Zielwerte des Lebens.

Da sprach der Schöpfer:
„Nun ist der Mensch geworden wie einer von uns,
denn er kann selbst Gutes und Böses erkennen.
Er soll aber nicht nach den Früchten
des Lebensbaumes greifen,
denn dann würde er ewig leben."
Damit vertrieb der Schöpfer die Menschen
aus dem Obstgarten.

Aus: Genesis 3,22–23

Impulse
Nun hat also auch der Mann am Baumkult der Frauen teilgenommen. Beide Geschlechter haben das Tabu und das Monopol der Priester durchbrochen. Die Menschen können nun selbst über Gut und Böse entscheiden.
Die Priester sagen, damit hätten die Menschen gegen den göttlichen Schöpfer gesündigt, sie hätten sein Verbot durchbrochen. Deswegen seien sie aus der Gartenkultur vertrieben worden, nun müßten sie mühsam Ackerbau betreiben.
Für uns heute ist es wichtig, daß wir lernen, selbständig zwischen Gut und Böse zu unterscheiden. Wir wollen nicht heteronom, sondern autonom und für unsere Taten verantwortlich leben. Das „Paradies" ist die Sehnsucht nach einem glücklichen Leben, in dem wir uns füreinander verantwortlich fühlen.

Zur Freiheit seid ihr berufen,
doch macht die Freiheit nicht zum Vorwand
für eure Bosheit.
Dient einander in Liebe,
dann erfüllt ihr das Gesetz.
Lebt in der Kraft des göttlichen Schöpfers,
dann werdet ihr dem bösen Begehren
nicht nachgeben.

Aus: Galaterbrief 5,13–14.16

☧

Impulse

Die frühen Christen wissen, daß sie selbständig erkennen müssen, was für sie gut und was böse ist. Sie wissen sich vom göttlichen Schöpfer geleitet und vor diesem verantwortlich. Jeder einzelne hat das Recht und die Pflicht, seiner Überzeugung zu folgen.

Freilich soll die Freiheit nicht als Vorwand für böse Taten und Pläne mißbraucht werden. Vielmehr sei die gegenseitige „Liebe“ die Erfüllung des ganzen Gesetzes.

Auch wir erkennen, daß die Liebe das entscheidende Kriterium ist für Gut und Böse. Es geht dabei nicht um schöne Worte und gute Gedanken. Es geht um das mühselige Tun der Nächstenliebe, der Armenhilfe und der Barmherzigkeit.

Regeln des Miteinanderlebens

Ihr sollt nicht stehlen, nicht lügen,
einander nicht betrügen, nicht falsch schwören.
Deine Mitmenschen sollst du nicht übervorteilen
oder berauben;
dem Arbeiter sollst du den rechten Lohn
nicht vorenthalten.
Schmähe keinen tauben Mitmenschen,
lege Blinden keine Hindernisse in den Weg.

Aus: Levitikus 19,11–14

Impulse
Dieser Text beinhaltet die Grundregeln des menschlichen Zusammenlebens in einer Kultur von Hirtennomaden und Ackerbauern. Diese Regeln finden sich in allen Kulturen auf ähnlicher Kulturstufe, vor allem aber im Alten Orient.
Wir müssen uns auf unser Wort verlassen können. Der private Besitz soll geachtet werden. Arbeitende sollen den gerechten Lohn erhalten. Körperlich Behinderte dürfen nicht ausgenutzt werden.
Wir haben diese Regeln weiter entfaltet, in einer humanistischen und demokratischen Lebenswelt. Doch viele möchten heute diese Regeln stören, sie ziehen Haß und Zerstörung vor. Es ist schwierig geworden, heute um einen Konsens der Werte zu ringen.

Verübe kein Unrecht vor Gericht,
begünstige nicht die Armen.
Ergreife nicht Partei für die Reichen,
sondern sei gerecht.
Streue keine Verleumdungen aus,
trage nicht Haß gegen Mitmenschen im Herzen.
Weise die Übeltäter zurecht,
damit du nicht selbst schuldig wirst.
Sei nicht gierig nach Rache,
trage das Böse nicht nach.
Deinen Mitmenschen sollst du lieben
wie dich selbst.

Aus: Levitikus 19,15–18

Impulse

Zum Gelingen des sozialen Lebens sind Richter und Gerichte nötig. Sie müssen Streitfälle schlichten helfen. Und wir müssen auf Haß und Verleumdung, auf Bestechung und Gewaltanwendung verzichten.

Den Rechtsbrechern müssen wir uns entschieden widersetzen. Doch soll Strafe nicht als Rache für Unrecht gelten. Sondern Rechtsbrecher sollen durch Strafen soziales Verhalten lernen.

Selbstliebe ist die Voraussetzung von Nächstenliebe. Beides ist ein lebenslanger Lernvorgang. Uns selbst annehmen lernen. Unsere nächsten Mitmenschen akzeptieren, wie sie sind. Und ihnen mit Mitgefühl und Zuneigung begegnen. Das ist der Weg des guten Lebens.

Wißt ihr nicht, was Fasten ist, das ich liebe?
Du sollst ungerechte Fesseln lösen
und Unterjochte freilassen;
Bedrückte sollst du aufrichten
und Menschenjoche zerbrechen.
Teile dein Brot mit Hungrigen
und nimm Obdachlose in dein Zelt.
Gib den Nackten ein Kleid,
entzieh dich nicht den Mitmenschen.
Dann wird dein Licht wie die Morgenröte
aufleuchten,
und dein Leben wird Erfüllung finden.

Aus: Jesaia 58,6-8

Impulse

Die Menschen alter Kulturen treiben Fasten und Askese, um ein gutes und glückliches Leben zu haben. Doch der Prophet sagt, ein Leben in Nächstenliebe sei wichtiger als die Askese. Gewiß ist es leichter, kurzzeitig auf Essen und Trinken zu verzichten, als Obdachlose bei sich aufzunehmen. Es ist schwer, Unterjochte und Bedrückte zu befreien, Verletzte zu heilen und den Besitz mit Armen zu teilen.

Wenn wir gut miteinander leben wollen, müssen wir diesen schwierigen Weg gehen. Nur so können schwächere Mitmenschen Geborgenheit finden. Nur so können Verletzte geheilt werden. Aber so kann das Leben für alle besser gelingen, wenn auch nur in Fragmenten.

Die Liebe ist geduldig,
sie prahlt nicht und ist nicht eifersüchtig.
Sie sucht nicht nur den eigenen Vorteil,
sie läßt sich nicht verbittern.
Das Böse trägt sie nicht nach
und sie freut sich nicht am Unrecht.
Sie strebt nach Wahrheit.
Sie glaubt, hofft und erträgt alles.
Strebt daher nach Liebe.

Aus: 1. Korintherbrief 13,4–7;14,1

Impulse

Wie lernen wir die Lebenskunst der Liebe? Wie üben wir uns in gelingende Mitmenschlichkeit ein? Zunächst müssen wir Geduld haben mit anderen. Auf Überheblichkeit und Prahlen sollten wir verzichten.

Es geht nicht nur um den eigenen Vorteil, auch der Mitmensch möchte einen Vorteil haben. Was wir selber wollen, das wollen auch die anderen. Auf das Gleichgewicht der Bedürfnisbefriedigung achten.

Das sind die kleinen Stufen auf dem langen Weg zur Nächstenliebe: Böses nicht nachtragen, auf Lüge verzichten. Den anderen nicht abwerten. Sich nicht über das Unglück des anderen freuen. Liebende ertragen vieles, aber nicht alles.

Freude am Dasein

Iß freudig dein Brot und trink vergnügt deinen Wein,
trage frische Kleider und gieße Öl auf dein Haupt.
Genieße das Leben mit der Frau, die du liebst,
alle Tage deines Lebens, die Gott dir schenkt.
Das ist dein Anteil am Dasein und Mühen
unter der Sonne.
Arbeite mit deinen Händen, solange du es kannst.
Denn im Tod gibt es kein Tun und Planen
und keine Weisheit.

Aus: Kohelet 9,7–10

Impulse
Viele Menschen haben keine rechte Erlaubnis, ihr Leben zu genießen, sich der schönen Dinge zu freuen. Frühe Bezugspersonen haben ihnen verboten, dies zu tun. So gestalten sie ihr Leben unnötig leidvoll und düster. Sie leben im „Jammertal“.
Doch wir können solche Verbote später korrigieren. Auch die Religion hilft uns dabei. Denn der göttliche Schöpfer hat uns die Erlaubnis gegeben, das Leben maßvoll zu genießen. Allerdings nicht auf Kosten anderer.
Er schenkt uns die Freude an Sinnlichkeit und Erotik. Wir dürfen miteinander spielen und übermütig sein; doch nicht bei Ausnutzung anderer Mitmenschen. Wir dürfen bei aller Lebensfreude die Notleidenden nicht aus dem Auge verlieren.

Pflege dich selbst und laß es dir gutgehen,
wenn du kannst,
denn deine Lebenszeit ist begrenzt
und der Tod säumt nicht.
Tu Gutes, soviel du kannst,
bevor dein Leben zu Ende kommt.
Versage dir nicht das Glück des heutigen Tages.
An der Lust, die dir zufällt, geh nicht achtlos vorbei.
Wir alle werden alt wie ein Kleid,
das ist das Gesetz des Daseins.

Aus: Sirach 14,11-14.17

Impulse
Die Lebenszeit, die uns geschenkt ist, dürfen wir voll nutzen. Wir müssen nicht nach Leiden streben, das Unglück nicht herbeisehnen. Denn wir haben Erlaubnis, uns der schönen Dinge zu freuen, das Leben mit anderen zu genießen.
Wir sollten den anderen Gutes tun mit den Möglichkeiten, die uns gegeben sind. Egozentrisches Genießen läßt das Leben arm werden. Nur im Austausch mit anderen können wir die Freude des Lebens erfahren.
Jeden Tag des Lebens gestalten, seinen Körper und seine Seele pflegen. Im Erleben der Sinnlichkeit begegnen wir am intensivsten der Lust des Lebens. Dankbar sein für diese Geschenke des Schöpfers. Dann wird das Leben tief und intensiv, es wurzelt im göttlichen Schöpfer.

Freu dich deiner Jugend,
sei heiteren Herzens,
geh auf den Wegen,
die dein Herz dir zeigt.
Halte deinen Sinn von Ärger frei,
schütze deinen Leib vor Krankheit.

Aus: Kohelet 11,9–10

Impulse

Heute wissen wir, daß Lebensfreude unsere Gesundheit stärkt. Lachen und Heiterkeit verbessern unsere Abwehrkräfte, Betrübnis und Enttäuschung schwächen sie. Was uns seelisch kränkt, das macht uns auch körperlich krank. So sagte es immer wieder Erwin Ringel.

Freilich erleben wir auch den Schmerz und die Trauer, diese sollen wir gar nicht verdrängen. Sie gehören zu unserem Leben. Doch erstreben sollten wir die positive Lebenseinstellung, um das Dunkle zu ertragen.

Unseren Körper und unsere Seele schützen, den Kränkungen und Abwertungen aus dem Weg gehen. Nicht mutwillig den Konflikt suchen, sondern den Frieden anstreben. Sich vor Tätern und Verfolgern rechtzeitig schützen. Sein Leben entfalten, in der Begegnung mit anderen.

Freut euch mit den Freudigen
und weint mit den Traurigen.
Seid eines Sinnes
und trachtet nicht nach hohen Rängen,
sondern laßt euch zu den Niedrigen herab.
Haltet euch nicht selbst für klug.
Vergeltet nicht Böses mit Bösem,
tut allen Menschen Gutes.
Und soweit es möglich ist,
haltet Frieden mit ihnen.

Aus: Römerbrief 12,15-18

Impulse

Paulus mahnt die frühen Christen, echtes Mitgefühl zu lernen; mit den Lachenden und mit den Weinenden. Die Freude mit anderen zu teilen, aber auch den Schmerz der anderen mitzutragen.

Das ist das Grundprogramm der Nächstenliebe. Daraus folgt: Auf Rache verzichten, in jedem Fall. Einander Gutes tun, auch wenn man Gutes nicht erfahren hat. Und um den Frieden ringen.

Mit den Niedrigen solidarisch sein, nicht die hohen Ränge anstreben. So wird es möglich, authentische Lebensfreude mit dem Gebot der Nächstenliebe zu verbinden. Der Friede ist uns möglich, wenn wir alle intensiv darum ringen.

Klugheit im Leben

Streite nicht mit einem Mächtigen,
kämpfe gegen keinen Reichen.
Schon viele hat das Geld übermütig gemacht,
die Großen hat es verführt.
Zanke nicht mit einem Schwätzer,
von Toren halte dich fern.
Beschimpfe keinen alten Mann,
auch du wirst einmal alt.
Freu dich nicht über den Tod des anderen,
auch du wirst sterben.
Und verachte nicht die Überlieferung der Alten.

Aus: Sirach 8,1-9

Impulse
Im Rechtsstaat ist es möglich, gegen Starke und Reiche zu streiten, wenn sie im Unrecht sind. In den alten Feudalstaaten war dies nicht möglich. Da war nicht gleiches Recht für alle. Sich nicht vom Reiz des Geldes zu bösen Taten verführen lassen. Sich von Schwätzern und Gauklern fernhalten. Das gehörte zur Lebensweisheit der Alten, es bleibt auch für uns sehr aktuell.
Auch für uns gilt: Alte und schwache Menschen zu achten; ihnen Pflege und Hilfe zukommen lassen. Die Verantwortung der Jüngeren für die Älteren bleibt. Der Vertrag der Generationen ist heute bedroht. Was können wir verändern?

Ehrfurcht vor dem göttlichen Schöpfer
ist der Anfang der Weisheit,
nur Toren verachten Erkenntnis
und Ordnung des Lebens.
Durch das Tun der Redlichen
wächst eine Stadt empor,
doch durch den Mund der Lügner
wird sie zerstört.
Besser ein Armer,
der schuldlos seinen Weg geht,
als ein Reicher, der lügt und ein Tor ist.

Aus: Sprüche 1,7; 11,11; 19,1

Impulse

Die Ehrfurcht vor der Schöpfung und dem Schöpfer, das Staunen vor den Geheimnissen der Natur. Das müssen wir wieder neu lernen. Uns einfügen in die uralte Weisheit des Lebens.

Gemeinschaft wird nur auf Redlichkeit, auf Offenheit und auf Mitgefühl aufgebaut. Lügner und Verleumder stören immer das Zusammenleben. Ein Gemeinwesen kann nur auf Vertrauen aufbauen.

Für jede Gemeinschaft sind aufrechte Menschen wertvoller als Betrüger und Gaukler. Doch viele lassen sich täuschen. Wir lassen uns gerne schöne Dinge vorspielen. Das ist die Gefahr, daß wir heute in Traumwelten hineingeraten und die Wirklichkeit vergessen. Wollen wir nur Zuseher bleiben?

Wohl dem Mann,
der nicht dem Rat der Frevler folgt,
der nicht auf dem Weg der Sünder geht,
der nicht im Kreis der Spötter sitzt,
sondern seine Freude hat an der Weisung
des Schöpfers,
der die Weisheit sucht bei Tag und bei Nacht.

Aus: Psalm 1,1–2

Impulse

Auch heute ist es sehr einladend, den Versprechungen der kleinen und der großen Verführer zu folgen. Vor allem dann, wenn sie uns das versprechen, was wir uns alle wünschen.
In der wirtschaftlichen Werbung werden uns wunderschöne Welten versprochen. Und wir werden angeregt, mehr zu kaufen und mehr zu konsumieren. Ob das für unser Leben und die Umwelt gut ist, das ist nicht die Frage.
Es ist nicht leicht, diesen ständigen Konsumzwängen Widerstand zu leisten. Es ist schwer zu erkennen, wo die Verführung beginnt. Besser ist es, sich an den ursprünglichen und authentischen Bedürfnissen zu orientieren. Doch diese müssen wir erst entdecken.

Gewiß seid ihr zur Freiheit berufen.
Doch macht die Freiheit nicht zum Vorwand
für böse Taten.
Vielmehr helft einander in Liebe.
Alle Gesetze sind in dem einen Satz erfüllt:
Deinen Nächsten sollst du lieben,
wie dich selbst.

Aus: Galaterbrief 5,13–14

☧

Impulse

Persönliche Freiheit des einzelnen ist ein Grundwert unserer demokratischen Kultur. Doch viele mißbrauchen diese Freiheit, um anderen Unrecht zu tun, um rücksichtslos ihre Interessen durchzusetzen. Viele verwechseln Freiheit mit dem Recht der Stärkeren.

Doch jede Freiheit hat ihre Grenze bei der Not und den Bedürfnissen der Mitmenschen. Dann tritt Verantwortung an ihre Stelle. Die Freiheit des anderen darf nicht durch meine Freiheit verletzt werden.

Nächstenliebe ist nur nach dem Maß der Selbstliebe möglich. Sich selbst annehmen und lieben können, um auch die Mitmenschen annehmen und lieben zu können. In diesem Lernvorgang stehen wir ein Leben lang. Aber wir können und müssen uns gegenseitig dabei unterstützen.

Der große Schatz eines Lebens

Nimm dich der Armen an,
laß sie nicht allein in ihrer Not.
Setze dein Geld ein für Freunde und Verwandte,
laß es nicht unter Steinen rosten und verderben.
Lege dir einen Schatz an nach den Weisungen
des Schöpfers,
dieser Schatz wird dir mehr nützen als alles Geld.

Aus: Sirach 29,9–11

Impulse

Dieser Text stammt aus der frühen Geldwirtschaft, wo Geldmünzen unter Steinhaufen versteckt wurden. Dort konnten Diebe sie finden, oder die Münzen verrosteten. Doch Geld und Besitz sind notwendig zur Absicherung des Lebens.
Aber für viele sind Geld und Besitz der erste und alleinige Schatz des Lebens. Die meisten setzen nur auf Maximierung ihres Gewinnes. Unsere Wirtschaft baut primär auf dem Gewinn der Aktionäre. Für andere ist der Lebensschatz die Macht und das soziale Ansehen.
Doch es gibt einen alternativen Schatz des Lebens. Der besteht in guten und gelingenden Beziehungen zu Mitmenschen: Liebenkönnen und Geliebtwerden, Geborgensein und Mitgefühl erleben. Wir können unseren Schatz frei wählen, auch heute. Welchen werden wir wählen?

Wer nach der Weisheit greift,
dem ist sie ein Baum des Lebens.
Wer an ihr festhält, ist glücklich zu preisen.
Mit Weisheit hat der Schöpfer die Erde gegründet,
nach ihren Regeln hat er den Himmel gefestigt.
Bewahre die Weisheit,
sie wird deiner Seele zum Schmuck.
Dann gehst du sicher deinen Weg
und stößt an keinen Stein,
dann mußt du nicht Schrecken und Unheil fürchten.

Aus: Sprüche 3,18–25

Impulse

Weisheit des Lebens suchen wir heute auch in fremden Kulturen: in den Lehren des Buddha, im Wissen des Tao, in den Lebensformen der alten Völker. Wir öffnen uns für neue Lebensformen und erhoffen einen persönlichen Gewinn. Haben wir die letzte und höchste Lebensweisheit schon gefunden? Oder können wir ihr immer nur im Suchen nahe kommen? Wir haben die Erlaubnis, nach neuen Orientierungen zu fragen und unser Leben selbst in die Hand zu nehmen.

Lebensweisheit begegnet uns immer in einer Vielfalt. Wir gehen selektiv mit ihr um. Wir wählen das aus, was uns guttut. Immerzu suchen wir nach authentischem Leben, nach dem kleinen Glück des Daseins. Das Suchen wird uns schon zur Bereicherung.

Wer mit weisen Menschen verkehrt,
wird selbst weise;
doch wer mit Toren Umgang pflegt,
dem ergeht es schlecht.
Wer Zucht und Ordnung liebt,
der ist auf dem Weg der Weisheit.
Wer sie sucht,
der liebt sich selbst und findet sein Glück.
Ein falscher Zeuge bleibt nicht ungestraft,
der Lügner kommt zu Fall.

Aus: Sprüche 13,20; 12,1; 19,8–9

Impulse

Viele wollen heute nicht vielwissend, sondern lebensweise werden. Folglich ergänzen sie ihre rationale Einsicht mit alter Lebensdeutung. Sie entdecken die Weisheit der Mythen und der Märchen.

Auch wir kommen ohne Selbstzucht und Ordnung nicht aus. Mit der postmodernen „Beliebigkeit" allein läßt sich nicht gut leben. Der Verlust alter Lebenswerte hinterläßt ein riesiges Vakuum.

Sich selbst lieben, um andere lieben zu können. Das ist uralte Lebensweisheit. Beide Ziele holen wir ein Leben lang nicht ein. Wir sind im Werden, einer am anderen, keiner für sich allein.

Das Himmelreich gleicht einem großen Schatz,
der in einem Acker verborgen lag.
Einer fand den Schatz und versteckte ihn wieder.
Dann verkaufte er seinen Besitz
und kaufte voll Freude jenen Acker,
in dem der Schatz lag.

Aus: Matthäus 13,44

☧

Impulse

Die frühen Christen suchten einen besonderen Schatz, der über das irdische Leben hinausgeht. Sie nannten ihn das „Reich der Himmel“: Von ihm her bekam ihr Leben einen neuen Sinn und eine große Aufgabe. Und sie lebten in großer Begeisterung.

Den ursprünglichen Ordnungen des Schöpfers folgen. Die Irrwege und Abweichungen des Lebens langsam überwinden. Einander die ursprünglichen Bedürfnisse des Lebens erfüllen. Einander Liebe und Geborgenheit schenken.

Den Armen und Schwachen zur Seite stehen. Den Gefallenen wieder aufhelfen. Den Streitenden zum Frieden verhelfen. Die Kunst der Versöhnung leben. Das sind Teile dieses neuen Lebensschatzes. Nur stückweise können wir ihn einholen.

Vergängliches und Bleibendes

Die Gottlosen sagen,
alles sei durch Zufall geworden,
alles sei vergänglich.
Der Leib werde zu Asche,
und der Geist löse sich in Luft auf.
Daher wollen sie die Güter des Augenblicks genießen,
sie wollen die Welt auskosten
wie in ihrer Jugendzeit.
Überall setzen sie Zeichen ihrer Lust.

Aus: Weisheit 2,1–3.6.9

Impulse

Dieser Spruch kritisiert die Hedonisten der Antike, wohl die Schüler Epikurs. Diese sagen, es gebe keinen Gott und alles sei durch Zufall geworden. Es gebe keinen Lohn und keine Strafe in einem jenseitigen Leben.

Folglich solle jeder sein Leben genießen, so gut er es kann. Dies ist auch heute für viele Zeitgenossen das große Lebensprogramm. Doch dabei kommt das Soziale und Mitmenschliche zu kurz. Die Liebe bleibt auf der Strecke, allzu viele werden zu egoistischen Herrenmenschen.

Der Glaube an einen göttlichen Schöpfer verbietet uns nicht die Lust des Lebens. Aber wir sollen mit Augenmaß und in Verantwortung für die Mitmenschen das Leben genießen. Der Glaube gibt uns festen Halt, in der Vergänglichkeit des Daseins, er setzt uns andere Schwerpunkte.

Strahlend und unvergänglich
ist die Weisheit des Schöpfers.
Sie wird von denen erkannt,
die sie suchen und lieben.
Wer am frühen Morgen nach ihr Ausschau hält,
findet sie am Tor.
Wer sie liebt, befolgt ihre Gebote
und gewinnt das Leben.

Aus: Weisheit 6,12–15

Impulse
In aller Vergänglichkeit des Daseins zeigt sich uns die Weisheit des göttlichen Schöpfers. Sie hat alles wunderbar geordnet: im kleinen Leben, in der Menschenwelt, im Kosmos. Wir erkennen ihre Regeln und Gesetze.
Wenn wir auf diese Weisheit achten, dann gedeiht und reift unser Leben. Es hat keinen Sinn, gegen die Bedürfnisse unserer Natur zu leben. Diese Weisheit gibt uns einen festen Ort, sie zeigt uns die Aufgaben des Lebens.
Die Skeptiker und Agnostiker leben ausgesetzter als religiöse Menschen. Vielen von ihnen geht ein tragfähiger Sinn des Lebens verloren. Es ist kein menschlicher Fortschritt, alte Sinnwelten aufzulösen, ohne neue an ihre Stelle zu setzen. Das erkennen wir heute leidvoll.

Die Gottlosen täuschen sich,
in ihrer Bosheit sind sie blind.
Sie erkennen nicht die Absichten des Schöpfers
und seine Pläne;
sie glauben nicht an den Lohn für die Tugend.
Doch der Schöpfer hat die Menschen
unsterblich geschaffen,
als Abbild seines Wesens.
Erst durch den Neid des Teufels
kam der Tod in die Welt.

Aus: Weisheit 2,21–24

Impulse

Viele sind heute gottlos geworden, weil sie ein autoritäres Gottesbild bedrückt hat. Aber ist der göttliche Schöpfer wirklich ein furchterregender Tyrann, ein Patriarch, ein Scheich einer alten Hirtenkultur?

Oder können wir nicht ganz andere Bilder des Schöpfers erleben? Könnte er nicht ein liebendes Wesen sein, mit weiblichen und männlichen Zügen? Ist er nicht das Urbild und die Urkraft menschlicher Liebe?

Kann nicht auch das Erleben von Liebe und Geliebtwerden, von Sinnlichkeit und Erotik Begegnung mit dem Schöpfer sein? Können wir nicht an etwas Bleibendes glauben, an ein Leben über den Tod hinaus?

Unsere Heimat ist im Himmel,
von wo wir unseren Retter erwarten,
den Gesalbten Jesus.
Er wird unser Dasein in Niedrigkeit verwandeln.
Er wird es gleichgestalten
mit seinem Dasein in Größe und Kraft.
Er wird alle umwandeln und neu gestalten.

Aus: Philipperbrief 3,20–21

☧

Impulse

Die frühen Christen glauben an eine himmlische Welt des göttlichen Schöpfers. Dieser ist nicht Teil der irdischen Schöpfung, sondern außerhalb von ihr. Sie ist die große Verheißung der Zukunft.

Die Christen sagen, der Gesalbte Jesus sei in diese himmlische Welt eingegangen. Und sie hoffen, daß sie ihm dorthin folgen werden. Er wird unser vergängliches Dasein dann neu gestalten.

Ist dieser Glaube nicht auch in einem naturwissenschaftlichen Weltbild möglich? Der Sinn des Lebens, der Grund des Kosmos, sie müssen außerhalb des Weltprozesses liegen. So verstößt religiöser Glaube keinesfalls gegen die Regeln der Wissenschaft.

Auf den Irrwegen des Lebens

Trachtet nicht nach dem Tod
durch die Irrwege des Lebens;
zieht nicht durch böse Taten euer Verderben herbei.
Denn der Schöpfer hat den Tod nicht erschaffen,
er hat keine Freude am Untergang.
Vielmehr hat er alles zum Leben geschaffen,
heilbringend sind alle seine Geschöpfe.

Aus: Weisheit 1,12-14

Impulse

Viele Irrwege unseres Lebens bringen uns vorzeitig in den Tod. Viele exzessive Genüsse schädigen unser Leben. Manche Menschen schädigen sich selbst, manche schädigen lieber andere Menschen.

Doch wir sollen nicht vorzeitig auf den Tod zugehen. Jedes Leben hat vom göttlichen Schöpfer seine Zeit bekommen. Dieser will, daß jedes Leben sich entfalte. Denn jedes Leben ist ein „Gedanke" seiner Weisheit.

So ist es sinnlos, sein Leben vorzeitig zu zerstören. Es ist unverantwortlich, das Leben der Mitmenschen vorzeitig zu Ende zu bringen. Jedes Leben hat sein natürliches Ende. Doch jedes Leben will vorher blühen und sich entfalten, will wachsen und reifen können.

Wer seine Sicherheit auf Reichtum gründet,
kommt leicht zu Fall.
Wer aber auf Gerechtigkeit und Weisheit
sein Leben baut,
der steht fest.
Aus der Frucht der Gerechtigkeit
wächst der Baum des Lebens.
Wer sich die Mahnungen zu Herzen nimmt,
wird weise.
Wer aber die Mahnungen in den Wind schlägt,
schadet sich selbst.

Aus: Sprüche 11,28.30; 12,1

Impulse

Immer stehen wir vor der Entscheidung, ob wir uns mehr am Sein oder mehr am Haben orientieren wollen. Für viele ist der Besitz verlockender als das gelingende Leben. Wir brauchen beides, doch auf die Prioritäten kommt es an.

Unser Leben darbt und leidet, wenn unsere mitmenschlichen Beziehungen nicht gelingen. Wir welken dahin, auch wenn wir wohl Besitz haben, aber nicht lieben können und nicht genügend geliebt werden. Intuitiv wissen wir genau, was wir nötig haben.

Doch der Trend der Zeit drängt uns zu immer mehr Haben und Besitzen. Wir leben im Wohlstand, im Überfluß. Doch sind wir deswegen glücklicher geworden? Wir haben weit mehr, als wir benötigen. Doch haben wir auch die „Weisheit des Lebens“ gefunden?

Da ist einer voll Frevel und Tücke,
ständig plant er Unheil.
Eine Grube hebt er aus und macht sie tief.
Doch da stürzt er selbst hinein,
seine Bosheit fällt ihm aufs Haupt.
Seine üblen Taten treffen seinen eigenen Scheitel.

Aus: Psalm 7,15–17

Impulse

Auch wir müssen oft mit Menschen zusammenleben, die uns Fallen stellen und Gruben graben. Oft tappen wir in diese Fallen und stürzen wir in ihre Gruben. Doch die Fallensteller kommen meist unbehelligt davon. Das ist eine bittere Erfahrung.

Für viele lohnt es sich, anderen Fallen zu stellen und Gruben zu graben. Viele bauen darauf ihren Erfolg, sie kommen im Leben gut voran und leben als strahlende „Sieger". Doch wie schätzen diese Personen ihre Mitmenschen ein?

Viele Übeltäter werden nicht bestraft, auch unter uns heute. Aber viele Zeitgenossen darben an ihrer Seele, wenn sie sich von Raffgier leiten lassen. Sie würden glücklicher leben, wenn sie auf Täuschung und Tücke verzichten würden. Wagen wir eine Neuorientierung des Lebens?

Überwindet in euch alle bösen Einstellungen
und Taten:
unerlaubte sexuelle Beziehungen,
böse Begierde, unreine Leidenschaften,
Habsucht und den Dienst an falschen Göttern.
Leg ab den Zorn, den Haß, die Bosheit,
die Verleumdung, die Schmährede.
Und belügt euch nicht gegenseitig.
Den „alten Menschen“ sollt ihr ausziehen.

Aus: Kolosserbrief 3,5–9

Impulse

Die frühen Christen strebten eine neue Lebensform an. Sie wollten einen „neuen Menschen“ anziehen und den alten wie ein Kleid ausziehen. Das war die große Alternative zum Lebensstil ihrer Zeit.

Ist diese Alternative auch heute noch erkennbar? Lohnt es sich, die inneren Einstellungen zu ändern, sich vom Strom der Zeit abzusetzen? Dürfen wir dann auf eine bessere Lebenswelt für uns alle hoffen?

Es geht darum, daß wir einander nicht ausnutzen; daß wir einander nicht als Mittel zum Zweck benutzen. Es lohnt sich auch für uns heute, mitmenschlich und mitfühlend zu leben. Wir sollten dieses Lebensmodell der Menschlichkeit nicht aus dem Auge verlieren. Auch nicht in einer Zeit wirtschaftlichen Wohlstandes und Überflusses.

Ordnung und Führung

Mein Sohn, meine Tochter,
lernt Zucht und Ordnung von Jugend an,
dann werdet ihr Weisheit gewinnen,
die euch leitet bis ins Alter.
Sie bringt eurem Leben Ertrag,
ihr werdet ihre Früchte genießen.
Wie ein Prachtgewand ist sie für euch,
wie eine Krone mit Perlen,
sie gibt euren Herzen Einsicht
und lenkt eure Bedürfnisse.

Aus: Sirach 6,18–19.30–32

Impulse

Vor einiger Zeit war der Ausbruch aus den alten Ordnungen als Fortschritt gepriesen worden. Die große Freiheit war angesagt. Und bald folgte die postmoderne „Beliebigkeit“ in der Lebensgestaltung.

Heute sehen viele, daß wir nicht gut miteinander leben können, wenn fast alles erlaubt und möglich sein soll. Wo die alten Werte verfallen, hört auch ein großes Stück Menschlichkeit auf. Das soziale Leben wird härter, die Gesellschaft wird eisig kalt.

Wir können alte Ordnungen behutsam verändern. Doch wir brauchen feste Lebensvorgaben. Wir leben in einem schöpferischen Prozeß der Wertveränderung und sind daran beteiligt. Jeder einzelne muß nach tragfähigen Werten suchen.

Es gibt eine Zeit für Umarmung
und eine Zeit für Trennung,
eine Zeit zum Suchen
und eine Zeit zum Verlieren,
eine Zeit zum Schweigen
und eine Zeit zum Reden.

Aus: Kohelet 3,5–7

Impulse

Unser Leben hat seine Rhythmen und Ordnungen. Es gibt darin Zeiten der Dynamik und dann wieder Zeiten der Ruhe. Es gibt darin Chaos und Veränderung, es gibt Dauer und Beständigkeit.

Wir sollten sensibel werden für die Rhythmen des Lebendigen in uns. Natürliche Entwicklungen nicht abwürgen, sondern formen und gestalten. Gegensätze aushalten und zusammenbringen.

Beide Dimensionen gehören zu unserem Leben: Ruhe und Bewegung, Schweigen und Reden. In dieser Spannung leben. Ehrfurcht haben vor allem Lebendigen. Der inneren Stimme und Führung folgen lernen. Die Dynamik des Lebens nicht gewaltsam unterbrechen.

Unternimm nicht zu viele Geschäfte.
Läufst du zu rasch,
erreichst du nicht das Ziel,
fliehst du überstürzt,
holen dich die Verfolger ein.
Da müht sich einer und hastet
und kommt doch nicht voran.
Ein anderer ermattet
und bricht unter der Anstrengung zusammen.
Doch die Gabe des Schöpfers hat Bestand.

Aus: Sirach 11,10–12.17

Impulse

Der schnelle Fortschritt unserer Technik drängt uns in ein hektisches Leben. Viele wollen ihre Ziele überstürzt erreichen. Sie haben keine Zeit mehr, etwas langsam wachsen zu lassen.

Doch die Menschen der alten Kulturen wußten, daß alles Lebendige seine Zeit braucht, daß Hast und Eile das Leben stören. Sie wußten, daß sie die großen Dinge des Lebens einfach geschehen lassen müssen.

Viele Menschen brechen heute unter Überanstrengung vorzeitig zusammen. Raffgierige und rastlose Menschen geben anderen das Tempo des Lebens vor. Wir müssen gegensteuern und von alten Kulturen lernen, das Erreichte zu genießen. Uns an den kleinen Geschwindigkeiten zu freuen. Es gibt Initiativen zur Verlangsamung der Zeit.

In den letzten Tagen werden die Menschen
selbstsüchtig sein und gierig nach Geld.
Sie werden voll Stolz leben,
aber einander schmähen und abwerten.
Sie werden unversöhnlich sein
und lieblos miteinander umgehen.
Sie leben den Schein der Frömmigkeit.
Solche Menschen sollst du meiden.

Aus: 1. Timotheusbrief 3,2–5

☧

Impulse

Die frühen Christen wußten darum, daß Reichtum und Besitz allein keine guten Grundlagen für ein gelingendes Leben sind. Der einzige Grund des guten Lebens war für sie der Schöpfer selbst.

Aber jeder Besitz hat eine soziale Funktion. Wir sollten lernen, ihn mit Augenmaß zu genießen. Aber ebenso, ihn mit Augenmaß zu teilen. Und zwar mit jenen, die bedürftig sind, denen es am Nötigsten mangelt.

Es geht um einen „Schatz des Lebens“, auch für uns heute. Der wächst uns zu, aus guten und gelingenden Beziehungen. Der vergrößert sich, wenn wir um Nächstenliebe, um Barmherzigkeit und um Güte des Herzens ringen. Keiner sollte sich allein auf Besitzwerte verlassen.

VERZEICHNIS DER BIBELSTELLEN

1. Woche: Sir 1,2-10; Koh 1,2-9; Mt 6,19-21; Röm 13,8-9.
2. Woche: Sir 30,14-16; Sir 31,25-28; Sir 37,29-31; 1 Kor 3,16-17.
3. Woche: Sir 4,20-29; Spr 1,8-10; 3,3-4; Sir 5,9-12; Mt 5,33-37.
4. Woche: Sir 6,5-12; Sir 6,12-18; Sir 11,29-32; Hebr 13,1-3.
5. Woche: Gen 1,26; Gen 1,27-28; Gen 1,29-30; Röm 8,14-17.
6. Woche: Sir 40,18-19; Deut 16,19-20; Tob 4,7; Gal 5,22-24.
7. Woche: Koh 3,19-20; Koh 12,1-7; Sir 38,16-17; Mt 6,24-26.34.
8. Woche: Ps 19,2-8; Ps 23,1-4; Ps 8,2-5; Mt 6,28-30.
9. Woche: Koh 2,24-25; 30,1-2; Sir 3,17-31; Koh 5,17-18; Röm 13,13; 14,7.
10. Woche: Koh 5,2-5; Weish 1,4-6; Sir 20,7-9.31; Mt 7,3-5.
11. Woche: Ps 146,8-10; Ijob 9,2-4; Ps 112,1-5; Joh 14,10-11.
12. Woche: Sir 7,29-36; Koh 4,1-3.9-11; Sir 11,2-8; Eph 5,2; Phil 2,4; Kol 3,14.
13. Woche: Hld 1,2-4; Hld 4,1-7; Hld 7,12-8,4; Lk 7,44-48.
14. Woche: Koh 11,4-5; Spr 6,6-9; Sir 30,21-24; 2 Thess 3,10-12.
15. Woche: Sir 22,23-26; Sir 29,10-11; Spr 11,24; 11,16; 16,16; 15,16; Lk 6,36-38.
16. Woche: Sir 36,27-30; Sir 42,9-10; Sir 3,12-14; Mt 18,10; Mk 9,35; 10,15.
17. Woche: Sir 19,5-17; Ijob 20,5-8; Ez 18,27-28; Mt 23,24-25.
18. Woche: Koh 3,3-4; Sir 4,1-5; Spr 4,23-27; Eph 4,31-32.
19. Woche: Ps 1,1-3; Ps 15,2-5; Spr 9,7-12; Lk 4,18-19.
20. Woche: Gen 4,1-10; Gen 6,5-7; Gen 8,21-22; 1 Joh 2,15-17.
21. Woche: Gen 2,18-23; Gen 2,24-25; Gen 2,19-20; Mt 19,4-6.
22. Woche: Spr 10,8-12; Spr 8,32-36; Spr 3,27-31; Lk 6,20-21.
23. Woche: Sir 40,23-26; Spr 1,22-28; Spr 11,12-14; 1 Thess 5,14-22.
24. Woche: Sir 28,14-16; Sir 28,17-19; Spr 6,16-19; Lk 6,43-45.
25. Woche: Spr 5,3-17; Sir 5,18-20; Sir 7,18-28; Mt 19,5-9.
26. Woche: Spr 10,14-17; Spr 9,13-18; Ps 14,1-14; Gal 6,1-2.
27. Woche: Ijob 17,1-16; Ijob 3,17-19; Ijob 1,21; Röm 8,38-39.

28. Woche: Gen 1,3-10; Gen 1,11-15; Gen 1,20-23; Mt 6,26-27.
29. Woche: Sir 40,20-22; Spr 1,8-18; Spr 12,18-25; Röm 12,1-4.
30. Woche: Ijob 3,11-16; Ijob 3,24-26; Ijob 3,21-23; Lk 26,38-42.
31. Woche: Spr 31,10-13; Spr 31,26-30; Spr 31,14-17; Kol 3,18-21.
32. Woche: Gen 5,1-2; Gen 6,1-3; Gen 6,4; Röm 8,15-17.
33. Woche: Koh 5,9-14; Sir 7,3-17; Sir 13,24-14,6; 1 Tim 6,9-10.
34. Woche: Sir 4,8-14; Spr 3,27-31; Mt 5,3-9; Gal 6,2-5.
35. Woche: Ijob 7,1-4; Ijob 14,1-3; Ijob 4,3-6; Jak 5,13-16.
36. Woche: Jes 1,11-19; Spr 11,9-11; Spr 11,15-23; Jak 2,14-17.
37. Woche: Weish 1,1-11; Ps 24,2-4; Ps 112,6-9; Lk 6,27-29.
38. Woche: Gen 1,32-2,3; Gen 2,7-9; Gen 1,24-25; Röm 8,18-21.
39. Woche: Hld 7,2-10; Hld 4,16-5,1; Hld 8,6-7; Eph 5,28-32.
40. Woche: Spr 31,19-23; Spr 13,11-13; Spr 8,12-16; 1 Tim 6,17-19.
41. Woche: Gen 3,4; Gen 3,17-19; Gen 3,23-24; 1 Petr 3,13-17.
42. Woche: Koh 9,16-18; Weish 7,29-30; Sir 27,25-27; Mt 5,44-45.
43. Woche: Hld 2,13-16; Hld 5,10-16; Hld 2,6-7; 1 Tim 2,9-15.
44. Woche: Spr 3,31; 4,14; 13,20; Spr 5,22-23; Spr 12,15.23; Gal 5,16-20.
45. Woche: Gen 2,9-17; Gen 3,4-6; Gen 3,22-23; Gal 5,13-16.
46. Woche: Lev 19,11-14; Lev 19,15-18; Jes 58,6-8; 1 Kor 13,4-14,1.
47. Woche: Koh 9,7-10; Sir 14,11-17; Koh 11,9-10; Röm 12,15-18.
48. Woche: Sir 8,1-9; Spr 1,7; 11,11; 19,1; Ps 1,1-2; Gal 5,13-15.
49. Woche: Sir 29,10-12; Spr 3,18-25; Spr 13,20; 12,1; Mt 13,44.
50. Woche: Weish 2,1-9; Weish 6,12-18; Weish 2,21-24; Phil 3,20-21.
51. Woche: Weish 1,12-14; Spr 11,28-12,1; Ps 7,15-17; Kol 3,5-9.
52. Woche: Sir 6,18-37; Koh 3,5-7; Sir 11,10-19; 2 Tim 3,2-5.

Der Herausgeber:
Anton Grabner-Haider, geboren 1940 in Pöllau, Österreich, Studium der Theologie und Philosophie; ist Herausgeber des „Praktischen Bibellexikons“ (13 Auflagen, in neun Sprachen übersetzt).

Reihe „Lebensweisheit der Kulturen“

Eva Maria Kulmer (Hg.)
LEBENSWEISHEIT DES BUDDHA
224 Seiten, DM 29,80, öS 218.–

Christa Hellstern (Hg.)
LEBENSWEISHEIT AUS CHINA
224 Seiten, DM 29,80, öS 218.–

Christa Felicetti (Hg.)
LEBENSWEISHEIT AUS INDIEN
224 Seiten, DM 29,80, öS 218.–

Es folgen:

Lebensweisheit aus Japan
Lebensweisheit aus Afrika
Lebensweisheit des Islam
Lebensweisheit des Judentums
Lebensweisheit der Mystiker
Lebensweisheit der Erotik